KB107184

한국어 추측 표현 교육 연구

저자약력(作者簡介)

▎강비(姜飞)

중국 산동공상대학교(山東工商學院) 외국어대학 한국어과 교수

인천대학교 국어국문학과 문학석사 학위를 취득하고
인하대학교 국어교육학과 교육학박사 학위를 취득하였다.
주 연구 방향은 문법과 어휘 및 음운이며,
특히 외국인에게 한국어를 가르치는 데 깊은 관심을 갖고 있다.

저서
『한국어 학습자를 위한 음운교육 연구』(공저, 2011)
『중국인 학습자를 위한 한국어 교육 연구』(공저, 2014)

학술논문
「중국인 학습자를 위한 한국어 추측 표현 교수·학습 방안 연구」
「중국인 학습자를 위한 한국어 외래어 교육의 기초적인 연구」 등

한국어 추측 표현 교육 연구

초판인쇄 2017년 09월 17일
초판발행 2017년 09월 27일

저 자 강 비
발 행 인 윤석현
발 행 처 도서출판 박문사
책임편집 최인노
등록번호 제2009-11호

우편주소 서울시 도봉구 우이천로 353 성주빌딩 3층
대표전화 02) 992 / 3253
전 송 02) 991 / 1285
홈페이지 http://jnc.jncbms.co.kr
전자우편 bakmunsa@hanmail.net

책 글자수 136,164자

ISBN 979-11-87425-48-9 93700 정가 16,000원

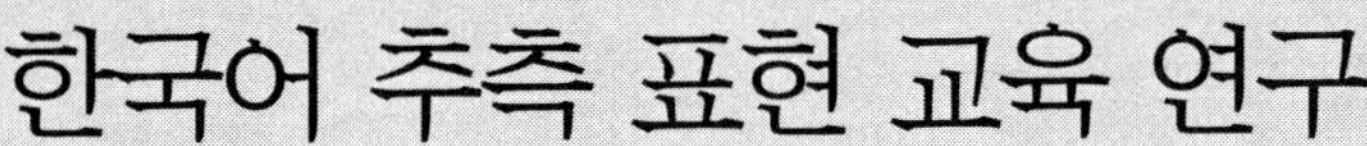

한국어 추측 표현 교육 연구

강비(姜飞) 저

박문사

머리말

한국어교육의 최종 목표는 효율적인 의사소통에 있다. 의사소통에 있어 문법은 아주 중요한 요소 중에 하나이다. 그러나 외국인 한국어 학습자들은 실제 언어생활에서 문법의 사용에 대해 많은 혼란을 겪고 있다. 특히 추측 표현의 경우 비슷한 의미 기능을 하는 추측 표현이 다양하여 외국인 학습자들에게 어려움이 따른다. 그러므로 본서는 중국인 한국어 학습자의 의사소통 능력 향상에 목표를 두고, '추측 표현'의 교육 현황을 파악하여 그 문제점을 분석함으로써 효율적인 교수·학습 방안을 모색하였다.

2장에서는 국어학에서의 선행 연구, 한국어교육학에서의 선행연구를 고찰하고, 『표준 국어대사전』, 한국어교육용 문법서에서의 중복도를 조사하였다. 또한 국립국어원에서 제시하고 있는 '현대 국어 말뭉치'에 나타난 추측 표현의 사용 빈도를 분석하여 한국인이 실제 구어에서 가장 많이 사용하는 추측 표현 6가지를 도출하여 본서의 분석 대상으로 선정하였다.

3장에서는 본서의 분석 대상인 6가지 추측 표현을 Larsen-Freeman (2003)의 '삼차원의 문법 틀(three-dimensional grammar framework)'을 기준으로 삼아 각 추측 표현 항목을 형태적·의미적·화용적 측면으로 나누어 그 특징을 살펴보았다. 또한 중국인 학습자가 한국어의 추측 표현을 파악하는 근거를 마련하고자 한·중 추측 표현의 특성을 대조 분석하였다. 중국어에는 하나의 형태가 여러 가지 의미를 나타내는 다의적 조동사가 많음을 확인하였으며, 이에 따라 중국어의 하나의 조동사가 한국어의 여러 가지 추측 표현에 대응됨을 밝혔다.

4장에서는 한국어 추측 표현 교육을 위해 '한국어 교재 분석'을 하였다. 교재 분석을 통하여 한국어 교재에서 추측 표현 교육에 대해 보완해야 할 부분이 많음을 확인하였다. 또한 '이해능력 조사'와 '사용능력 조사'를 통하여 중국인 학습자들의 한국어 추측 표현 이해와 사용능력이 부족하다는 것을 확인하였다.

'이해능력'의 조사 결과, 일정한 추측 표현에 대하여 '교육 받은 정도'가 아닌 '한국 체류기간'에 비례관계를 보여 현재의 교재나 교육과정을 보완하여 더 발전시킬 필요가 있다는 것을 증명하였다. '사용능력'의 조사에서는 사용 빈도가 높은 추측 표현이 그만큼 오류도 다양하게 나타나는 것을 알 수 있었다. 대표적인 사용 오류를 살펴보자면, '시제 오류', '의미 오류', '모국어의 영향에 의한 오류' 등을 들 수 있다.

5장에서는 4장에서 살펴본 '이해능력 조사'와 '사용능력 조사' 결과를 토대로 추측 표현의 교수·학습 방안을 마련하였다. '이해'와 '사용'의 측면으로 나누어, 이해 측면에서는 추측 표현을 전면적으로 이해하기 위해 어떤 방법이 필요한지, 사용 측면에서는 추측 표현을 적절한 상황에서 자동적으로 사용하기 위해서 어떤 산출 단계를 거친 생성 활동이 필요한지에 대하여 고찰하여 ESA 교수 모형을 활용하였다.

본서는 한국어의 '추측 표현' 문법을 중심으로 학습자의 습득 양상과 교육 현황에 대한 심도있는 고찰을 통하여 추측 표현에 대한 교육 현황이 많이 미흡하다는 점에서 앞으로의 방향을 모색했다는 점에서 그 의미를 찾아볼 수 있다. 또한 이러한 문제점 해결에 초점을 두고 효율적인 문법 교수·학습 방안을 구체적으로 제시하였다는 점에서 기존의 논문들과는 차이점을 지닌다.

2017년 8월 1일

강 비 씀

목 차

머리말 / 5

제1장 한국어 추측 표현 개관 11
01 | 연구의 목적 및 필요성 13
02 | 연구사 검토 17
03 | 연구 내용 및 방법 29

제2장 양태와 추측 표현 33
01 | 양태의 개념과 분류 35
1.1. 양태의 개념 35
1.2. 양태의 분류 37
02 | 한국어 추측 표현 선정 42
2.1. 선정 기준 42
2.2. 사전 조사 48
2.3. 사용 빈도 분석 55
2.3.1. 분석 대상 선정 55
2.3.2. 분석 방법 56

제3장 추측 표현의 특징 및 양상 61
01 | 한국어 추측 표현의 특징 63
1.1. 분석 기준 63
1.2. 형태·통사적 특징 65
1.3. 의미적 특징 81

1.3.1. 판단 근거 81
1.3.2. 확신의 정도 87
1.4. 화용적 특징 88
02 | 한·중 추측 표현의 양상 92
2.1. 한국어 추측 표현의 양상 93
2.2. 중국어 추측 표현의 양상 98
2.3. 한국어와 중국어 추측 표현의 대응 양상 101

제4장 추측 표현 교육을 위한 전제 103
01 | 한국어 교재 분석 106
1.1. 교재 분석의 필요성 106
1.2. 교육 내용 107
1.3. 문제점 119
02 | 학습자의 이해능력 조사 126
2.1. 조사 방법 126
2.2. 예비 설문조사 128
2.3. 1차 설문조사 130
2.3.1. 조사 참여자 선정 130
2.3.2. 조사 도구 개발 131
2.3.3. 조사 절차 133
2.3.4. 결과 및 분석 133
2.4. 2차 설문조사 147
2.4.1. 조사 참여자 선정 147
2.4.2. 조사 절차 148
2.4.3. 결과 및 분석 148
2.5. 이해능력 조사 최종 결론 151

03 | 학습자의 사용능력 조사 153
3.1. 조사 방법 154
3.2. 사용 오류 156
3.2.1. 정의 및 필요성 156
3.2.2. 오류 분석 158
3.2.2.1. 형태 159
3.2.2.2. 의미 163
3.2.2.3. 화용 169
3.3. 추측 표현 사용 빈도 비교 170
3.4. 사용능력 조사 최종 결론 173

제5장 추측 표현의 교수·학습 방안 175
01 | 교수·학습 방안 설계 178
1.1. 교수·학습 목표 설정 178
1.2. 교수·학습 접근법 179
1.2.1. 이해능력 향상을 위한 교수·학습 내용 181
1.2.2. 사용능력 향상을 위한 교수·학습 내용 186
02 | 교수·학습의 실제 188
2.1. PPP 수업 모형 188
2.2. ESA 수업 모형 191
2.3. 교수 모형 구성 196
2.4. 수업의 실제 198

부록 1. 한국어 추측 표현 이해능력 조사 215
부록 2. 한국어 추측 표현 사용능력 조사 220

참고문헌 223
찾아보기 235

제1장

한국어 추측 표현 개관

한국어 추측 표현 교육 연구

01
연구의 목적 및 필요성

한국어를 학습하는 데 있어서 문법은 아주 중요한 요소로 자리 잡고 있다. 외국인 학습자들은 한국어를 학습할 때 문법적인 요소에서 가장 많은 어려움을 느낀다. 문법에는 의미가 비슷한 항목들이 많아서 한국어 학습자들은 어떤 상황에서 어떤 문법을 써야 하는지 정확히 알기 어렵기 때문에 비슷한 문법 표현들을 혼동해서 사용하기 쉽다. 또한 한국어 학습자들은 한국어 추측 표현들이 비슷한 문법 항목들과 무엇이 다른지, 이들을 어떻게 구분하고 어떻게 활용해야 하는지에 대해 의문을 느끼게 된다.

비슷한 문법 항목들의 의미와 기능면에서 혼동되기 쉬운 부분들은 한국어 학습자들에게 보다 정확하고 쉽게 가르쳐야 하는데 지금까지 이러한 문법 항목에 대한 연구들은 아직 부족한 상황이다. 특히 한국어 문법 항목 중의 '-(으)ㄹ 것이다, -(으)ㄴ/는/(으)ㄹ 것 같다. -(으)ㄴ/는가/나 보다, -(으)ㄹ지 모르다' 등의 표현들은 문법으로 보면 모두 추측 의미를 갖고 있는데 상황에 따라서 의미 변화가 많아 학습자들을 혼동시킬 수밖에 없으며, 그 의미적 차이가 미세하여 어려움을 느낀다.

따라서 본서는 다양한 추측 표현 문법을 내상으로 하여, '추측 표현'의 교육 현황을 파악하기 위해서 한국어 교재에서 제시된 추측 표현의 교육 내용을 고찰하고, 학습자들의 추측 표현에 대한 이해능력, 실제 사용능력 등을 분석하여 중국인 학습자에게 효율적인 한국어교육 방안을 마련하는 것을 목적으로 한다.

(1) 학교 앞에 꽃다발을 들고 다니는 사람들이 많은 걸 보니 오늘 졸업식이 {있나 봐요, 있는 것 같아요, 있겠네요, 있을 모양이에요.}

예문 (1)에서 다양한 형태의 추측 표현들이 사용되고 있음을 볼 수 있다. 각각의 표현 모두 크게 보면 '오늘 졸업식이 있을 것'이라는 추측의 의미로 사용되었지만, 구체적으로 살펴보면 미세한 의미 차이가 있어 학습자들이 정확히 알고 사용하는 데 어려움이 있다. 따라서 이러한 추측 표현 문법 간의 의미적 차이를 학습자들에게 명확하게 교육할 필요가 있다.

(2) a. 지민 씨, 우리 지금 밥을 먹으러 갈까요?
b. 지금 12시 점심시간이라 식당에 사람이{많을 거예요. 많을 것 같아요. * 많을 모양이에요, * 많을 건가 봐요}.

예문 (2)와 같은 상황에서 한국어 모어 화자의 경우는 이러한 추측 표현의 의미 차이를 고려하여 각 상황에 적절하게 사용할 수 있지만, 외국인 한국어 학습자들이 유사한 의미를 갖는 다양한 추측 표현 항목들 간의 미세한 의미 차이를 이해하고 상황에 따라 구분하여 사용하는 것은 쉽지 않다.

(3) a.*선생님, 저는 내일 수업에 못 <u>오겠어요</u>.
b.*선생님, 저는 내일 수업에 못 <u>올 거예요</u>.
c. 선생님, 저는 내일 수업에 못 <u>올 거 같아요</u>.

예문 (3)은 학생이 선생님께 공손하게 표현하는 상황이다. 이런 상황에는 추측 표현의 완곡어법을 사용하여 공손하게 표현할 수 있다. 위의 예문 (3)에서 가장 적절한 표현은 (3c)이다. 이것은 바로 한국어 추측 표현의 공손 기능이기 때문이다. 만약 이런 추측 표현의 공손 기능을 알지 못하는 외국인 학습자가 실제 상황에서 (3a)나 (3b)로 표현하게 되면 상대방에게 오해를 불러일으킬 수도 있고 다소 무례한 느낌이 들 수 있다.

동일한 의미의 추측을 나타내는 표현이라도 (3a)의 '-겠다'와 (3b)의 '-(으)ㄹ 것이다'를 사용하는 구문이 (3c)의 '-(으)ㄹ 것 같다'를 사용하는 구문보다 공손성의 정도가 약하기 때문이다. 이처럼 추측 표현이 공손 기능으로 활용되는 부분도 학습자에게 반드시 교육되어야 하는 중요한 부분이라고 생각한다.

한국어 교수·학습에서는 추측 표현의 의미를 명확히 구분할 필요가 있다. '추측'은 화자의 감정, 생각, 느낌 등의 심리를 나타내는 주관적인 판단을 말한다. 추측 표현은 화자의 심리적 태도인 '양태

(modality)'[1]의 범주에 속하는 것으로, 단순한 정보 전달이나 기본적인 일상대화에서 많이 사용되며, 한국어 문법 교육 항목 중 큰 비중을 차지하고 있다. 한국어의 추측 표현은 그 형태가 다양하고 각각 표현들이 미세한 의미 차이를 갖기 때문에 학습자들이 많은 어려움을 느낀다. 특히 본서가 대상으로 하는 중국인 학습자들의 경우, 한·중 양국 언어의 추측 표현상 형태, 의미, 기능, 제약 등의 차이가 있기 때문에 더욱 더 어려움을 느낀다.

1 안주호(2004)에 따르면 문장 단위의 발화에서는 일반적으로 화자가 말하고자 하는 내용을 중심으로 한 부분과, 이에 대한 화자의 심리적 태도를 중심으로 하는 부분으로 나눌 수 있다. 전자를 명제 내용이라고 하고, 후자를 양태라고 이른다. 양태는 일반적으로 '화자가 명제 내용에 관해 갖는 심리적 태도'로 정의되는데, 각 언어마다 많은 차이를 보이는 범주이다.

02
연구사 검토

본 연구와 관련하여 추측 표현에 대한 기존 연구는 국어학적 연구 결과에 기초를 두고 외국어로서의 한국어교육 연구가 진행되고 있다.[2] 따라서 추측 표현의 선행 연구들을 국어학에서의 추측 표현 연구와 한국어교육에서의 추측 표현 연구로 나누어 살펴보고자 한다.

1) 국어학에서 논의된 연구

국어학적 입장에서는 나름의 기준을 세우고, 이에 따라 추측 표현의 통사·의미론적인 현상을 살펴보는 방식으로 연구가 진행되어 왔다. 특히 '-겠-'과 비슷한 의미를 지닌 '-(으)ㄹ 것이다'의 의미에 대한 논의가 활발하게 이루어졌다. 이는 성기철(1976), 이기용(1977), 서정수(1978), 김차균(1981), 성광수(1984), 장경희(1984), 김규철

2 양영희·서상준(2009)에서는 한국어교육에서의 국어학은 그것을 효과적으로 가르치기 위한 기초 필수 단계이므로 국어학적 지식이 전제되어야 한국어교육도 바로 설 수 있다고 하였다.

(1988), 김용경(1989), 임칠성(1994), 이남순(1995) 등을 통해 살펴볼 수 있다.

이기용(1977)은 '-겠-'은 객관적인 근거를 바탕으로 하는 추측이나 강한 짐작일 때 사용하며, '-(으)ㄹ 것이다'는 주관적인 근거를 바탕으로 하는 추측이나 약한 짐작일 때 사용한다고 하였다. 반면, 서정수(1978)는 '-겠-'과 '-(으)ㄹ 것이다'를 비교하여 '-(으)ㄹ 것이다'에 관하여 의미론 및 구문론적 관점에서 재검토하였다. 우선 '-(으)ㄹ 것이다'의 여러 뜻을 낱낱이 분석하여 '-(으)ㄹ 것이다'가 지닌 의미론적·구문론적 기능의 전모를 밝혀 정리해 보려고 했다. 그는 '-(으)ㄹ 것이다'의 문법 범주에서의 기능을 '-겠-'과 관계가 있는 것으로 파악하였다. 그러나 '-(으)ㄹ 것이다'는 객관적인 근거에 바탕을 둔 짐작으로, '-겠-'은 화자의 주관적인 바탕으로 봄으로써 '-(으)ㄹ 것이다'가 '-겠-'보다 확실한 추정을 나타낸다고 하였다. 또한, 성광수(1984)는 '-겠-'은 확신의 정도가 약하고 주관적인 판단을 할 때 사용하며, '-(으)ㄹ 것이다'는 확신의 정도가 강하고 객관적인 판단을 할 때 사용한다고 하였다.

그 이외에도 성기철(1976)은 '경험 시간의 차이'에서 '-겠-'과 '-(으)ㄹ 것이다'의 의미 차이가 비롯된다고 보았다. 즉, '-겠-'은 경험 당시의 판단에 가까울수록 적합하고 '-(으)ㄹ 것이다'는 경험 당시로부터 멀어질수록 적합하다고 보았다. 이와 비슷한 맥락으로 김차균(1981)에서는 '발화시'를 기준으로 이전에 판단한 것은 '-(으)ㄹ 것이다'이고, 발화 당시에 판단한 것은 '-겠-' 으로 보았다.

김규철(1988)은 '-겠-'과 '-(으)ㄹ 것이다'는 모두 짐작의 의미를 갖고 있지만 형태면에서 '-겠-'은 짧고, '-(으)ㄹ 것이다'는 길다는 차이점을 지적하였다. 그는 길이가 다른 두 형식이 어떤 지시 내용을 나타내고 있는가 하는 것을 지각심리학에서 말하는 '모습과 바탕의 이론'에 기초하여 이 둘의 차이를 밝혀내려고 하였다.

이남순(1995)은 '-겠-'과 '-(으)ㄹ 것이다'를 단순히 객관성과 주관성의 강약의 차이로만 보지 않고, 그 안에 있는 '짐작'을 화자 자신의 판단인지 아니면 화자가 청자 또는 제3자를 대상으로 하는 포괄적 판단인지, 이러한 '짐작'의 두 가지 면을 중심으로 '-겠-'과 '-(으)ㄹ 것이다'를 비교하여 그 기능을 밝혔다.

위에서 소개된 이전의 연구에서는 주로 '-겠-'을 중심으로 하여 '-(으)ㄹ 것이다'와 그 의미 차이에 대한 논의가 주를 이루었다. 그러나 장경희(1984)와 임칠성(1991)은 '-겠-'과 '-(으)ㄹ 것이다'의 의미 차이에 대한 논의가 아니라 '-겠-'의 의미에 대한 논의를 하였다. 장경희(1984)는 '-겠-'의 여러 가지 용법들을 추정의 과정과 관련하여 살펴봄으로써 '-겠-'이 특정한 법칙에 의한 추정임을 밝혔다. 인과 법칙과 원인이 되는 사실이 존재하는 상황에서 인과 법칙의 결과가 되는 사실을 추정하는 것으로 '-겠-'을, 반대의 상황에서 원인이 되는 사실을 추정하는 것으로 '-나 보다'와 '모양이다'를 구분하는 것을 제시하였으며, 이러한 '-겠-'을 '결과 추정'을 나타내는 것으로 파악하였다. 또한 임칠성(1991)은 '-겠-'이 사건 자체와는 무관하게 화자의 서술 태도만을 나타낸다는 관점에서 그 의미를 규정하였다. '-겠-'의 문맥적 의미를 검토한 다음, 필자가 주장하고자 하는 '-겠-'의 원형의미를 통하여 다시 이 문맥의 의미들을 일관되게 설명하였다. 또한 통사·의미론적 성격과 함께 화자와 청자의 측면을 고려하여 어떤 상황에서 화자는 '-겠-'을 사용하며, 청자는 어떤 의미를 알아차리는가 하는 면을 살펴봄으로써 '-겠-'의 의미를 밝혔다. 그리고 김용경(1989)은 이전의 '-겠-'과 '-을 것이'에 초점을 맞춘 추측 표현 연구에서 더 범위를 넓혀 '-겠-', '-리-', '-을-'을 중심으로 논의를 진행하였다. 그리하여 김용경(1989)은 시제법 중 미정법을 실현시키는 형태소 '-겠-', '-리-', '-을-'에 관한 문법적인 특징을 공시적으로 기술하였다. '-겠-', '-을-'은 과거나 현재의 경험 세계를 판단의 근거로 하여 그 사태나 사건이 참일 가능성을 추정하는 것이라고 하였으며, '-리-'는 현대에 와서 그 쓰임이 많이 제한되었으나 '추정'과 '의도'의 의미를 가지고 있다고 설명하였다.

다음으로는 '-겠-'과 '-(으)ㄹ 것이다' 뿐만 아니라 다른 추측 표현들을 다룬 논의들을 살펴보고자 한다. 안명철(1983), 차현실(1986), 이기종(1996), 이필영(1998), 김동욱(2000), 이혜용(2003), 안주호(2004), 한명주(2008) 등을 통해 살펴볼 수 있다.

안명철(1983)은 먼저 국어의 시제와 서법을 검토하고 국어 추측문의 통사적 특징에 대해서 논의하였다. 우선, 추정적 추측 표현으로 '-겠-', '-(으)ㄹ 것이다', '-듯하다', '-는 것 같다', '-듯싶다', '-는 모양이다', '-게 생겼다', '-나 보다/싶다'의 의미와 그 차이에 대하여 제시하였고, 화자의 추정적 태도의 비사실성 인지(認知)동사를 사용한 표현으로 '-(으)ㄹ지 모르겠다', '-다고 추측한다/ 짐작한다/ 본다/ 생각한다'를 언급하였다. 이와 더불어 양상 부사가 추정적 표현과 어울려 사용된다고 하였다.

차현실(1986)은 국어의 양상 술어 '보다', '싶다', '같다'의 의미자질 및 통사적 특성에 대해 논하였다. 양상 술어 '보다', '싶다', '같다'는 '화자가 명제에 갖는 불확실한 믿음'의 원인이 내재적 직관에 의한 [+자발적] 판단이냐 혹은 외재적 사태에 의한 [-자발적] 판단이냐에 따라 하위 의미로 나누어지며, 고유의미가 통사적 제약의 원인으로 나타난 것을 검토하였다. 미확인 양태 술어로 취급하여 판단근거가 화자 내부에서 비롯되는지, 아니면 외부에서 얻어지는지에 따라 [자발성] 자질을 설정하여 의미 차이를 제시하였다.

이기종(1996)은 국어의 추측 구문의 의미 기능을 인지론(認知論)적으로 해석하였다. 먼저 추측의 개념 및 인지론적 상관성을 살펴봄으로써 추측 구문의 성립과 특성, 국어에 다양하게 존재하는 추측에 관한 표현형식을 유형별로 분류하고 개별 형식의 구문 의미 및 담화 의미를 밝혔다. 여기에서 추측 표현은 5개 유형으로 분류되고 있다. 먼저 형태소 '-겠-'은 짐작에, '-리-'는 추측이나 확실성 표현으로 구별되었다. 둘째, '-ㄹ 것이다', '-(ㄴ/ㄹ)모양이다'도 주·객관적 양태 의미나 서술 태도적 기능에서 차이가 있다. 셋째, 양태 조동사인 '-듯하(싶)다, -법하다, -것 같다' 등도 동일한 양상을 보여 준다. 넷째, '-나/ㄴ가/ㄹ까/지 싶다', '-나/ㄴ가/ㄹ까/지 보다', '-나/ㄴ가/ㄹ까/지 하다'나, 다섯째 '-ㄴ지/ㄹ지 모르다', '-기 쉽다'도 동일하게 독자적 의미 영역을 구축하였다. 이 논문은 한국어 짐작·추측 표현에 대해 그간 연구된 모든 방법론을 총괄하며 객관적 의미를 파악하였다는 점에 의미가 있다.

이필영(1998)은 추측 표현 중 관형구의 추정만을 다루되, 특히

'-은 듯싶-', '-을 듯싶', '-은 듯하 -', '-은 것 같-', '-을 것 같-', '-은 모양이-', '-을 모양이-', '-은 게-', '-은 것이-'이 9가지 추측 표현을 살펴보았다. 이를 통해 사태의 실제성 여부에 대한 판단 및 판단의 확실 정도, 판단의 주·객관성, 판단 주체에 대한 제약, 판단 시점에 대한 제약 등 각 표현들의 특성을 정리하고 제시하였다.

김동욱(2000)은 화자가 자신의 판단 내용에 대해 주체적인 태도를 취하는가, 또는 제3자적인 태도를 취하는가에 초점을 맞추어, 한국어 추측 형식인 '-는 것 같다', '-는 듯하다'를 주체적인 태도로, '-나 보다', '-는 모양이다'를 객체적인 태도로 보았다. 또한 정보를 간접적 정보, 직접적 정보, 내재적 정보의 3종류로 나누고 판단의 책임성 등으로 구분 짓는 등 의미 기능을 중심으로 논의를 전개하여 기존 연구와는 다른 측면에서 보려고 노력하였다.

이혜용(2003)은 체계적으로 '짐작', '추측' 양태 표현의 의미를 연구하기 위해, 상위 범주에 속하는 인식 양태에 대한 의미 영역을 '명제 실현에 대한 태도', '명제 내용에 대한 서술 태도', '청자에 대한 태도'로 분류하고, 이 들을 '-(ㄴ/ㄹ) 듯하다, -(ㄴ/ㄹ) 듯싶다, -(ㄴ/ㄹ) 모양이다, -(ㄴ/ㄹ) 것 같다'의 개별 표현들의 의미 차이를 밝히고, 이들의 의미 특성에 따라 화용적 기능이 다르게 나타난다고 보았으나, 이에 대한 체계적인 이론적 기반이 보완되어야 할 것으로 본다.

안주호(2004)는 한국어의 추측을 나타내는 양태 표현 '-것이다, -모양이다, -것 같다, -듯하다, -법하다, -지 모르다, -ㄹ까 싶다, -ㄴ/나 보다' 등을 중심으로 이를 의미적으로 분류하였는데 명제 내용의 사태의 확신도에 따라 확실성 추측, 개연성 추측, 가능성 추측으로 나누었다. 그러나 한명주(2008)는 현대 국어의 양태 범주에 속하는 '추측' 형식명사 구성을 대상으로 그 구조를 밝히고 통사적 특성과 의미적 특성을 살폈다. 그는 추측을 '정보의 확실성에 대한 화자의 판단' 중에서 '개연성'으로 다루었다. 통사적 특징으로는 주어 제약, 관형형 어미 제약, 선어말어미와의 통합관계, 서술어의 제약, 문장 종결형 제약 등을 통해 형식 명사 구성의 문법적 기능을 밝혔다. 그리고 의미적 특징은 '화자의 명제 실현에 대한 태도'와 '명제 내용에 대한 서술 태도'에 따라 의미 차이를 보인다고 설명하였다. 각각의 추측 표현에 담겨 있는 양태적 의미에 대한 점을 중점으로 논의를 진행하였다는 특징을 보이고 있다.

지금까지 국어학에서의 추측 표현에 대한 연구를 살펴보았다. 국어학에서는 앞에서 살펴본 바와 같이 주로 추측 표현의 의미 차이에 대해 연구하였다. 이러한 연구 성과는 외국어로서의 한국어교육 연구에 기초적인 자료가 될 수 있다. 그동안 국어학에서는 한국어 추측 표현의 의미에 대한 연구가 활발하게 이루어지고, 일정한 성과를 거둔 반면에 외국어로서의 한국어교육학에서는 상대적으로 관련 연구가 아직까지 미흡한 것이 사실이다.

2) 한국어교육학에서 논의된 연구

국어학적 입장에서의 연구가 많이 진행되고 있지만 한국어교육학 입장에서의 연구는 아직까지 많이 미흡한 것 또한 사실이다. 지금까지 한국어교육에서의 추측 표현에 대한 연구들은 주로 추측 표현의 일부 항목만을 선택하여 그 교육 방안에 대해 연구하는 형식의 연구가 많은 편이다. 대표적 논의로는 전나영(1999), 이윤진·노지니(2003), 선은희(2003), 이효정(2004), 노지니(2004), 신현정(2005), 이미혜(2005), 이선영(2006), 진기호(2006), 성미선(2009), 정원기(2009), 유창(2011), 김고은(2013) 등에서 살펴볼 수 있다.

전나영(1999)은 '-나 보다, -(으)ㄹ 것이다, -겠다, -는 것 같다, -는 모양이다'의 표현이 진술 내용에 대한 화자의 심리적 태도가 어떤 모습으로 나타나는지에 관심을 갖고, 각 표현들이 상호간에 어떤 관계를 형성하고 있는지 살펴보았다. 이윤진·노지니(2003)는 학습자와 교사들이 문법 항목의 의미와 변별점을 명확하게 설명하는 데 어려움을 겪는다고 하였다. 추측과 의지를 나타내는 양태 표현들에 대하여 국어학의 연구 성과를 활용하여 그것을 실용적이고 교육적인 관점에서 재구성하고, '추측'과 '의지'의 의미 기능을 중심으로 대규칙과 소규칙을 구성, 이를 현장에서 사용할 수 있도록 양태 표현 '-겠-, -(으)ㄹ 것이다, -(으)ㄹ 모양이다, -(으)ㄹ 것 같다, -나/는가 보다, -(으)ㄹ 게, -(으)ㄹ래, -(으)ㄹ 걸'의 8개 표현의 통사적 제약과 의미 기능을 연구하였다.

선은희(2003)는 한국어 교재에 제시된 추측 범주에 속하는 어미 '-는 것 같다', '-나 보다', '-는 모양이다'의 세 가지 추측 표현을 중심으로 연구를 진행하였다. 학습자들의 사용 양상 및 오류 설문지 조사를 바탕으로 추측 표현의 연구 방법을 소개하고 결과를 살펴보았다. 이를 바탕으로 추측 표현의 효율적인 교수법 및 수업에 사용 가능한 활동 방안을 제시하였다.

이효정(2004)은 한국어 교재와 문법서, 사전에서 추측한 양태의 문법 항목을 대상으로 양태 표현을 의미 유형에 따라 분류하여 목록을 선정하고, 의미가 유사한 양태 표현의 빈도, 제약, 의미를 살펴본 후 이들을 참고하여 한국어교육에 필요한 교수 순서와 방법을 제시하였다. 이에 추측 표현을 [-확실성/+지각]의 의미로 제시하고 '-(으)ㄴ/는(으)ㄹ 것 같다', '-겠다', '-(으)ㄹ 것이다' 등의 15개 항목으로 선정하였다.

노지니(2004)는 한국어교육 측면에서 통어적 문법소 연구가 필요함을 강조하면서 추측의 개념과 통어적 문법소의 정의를 바탕으로 논의 대상을 '-을 것이다, -모양이다, -보다, -듯하다, -듯싶다, -것 같다, -싶다, -모르다' 등으로 한정하였다. 이러한 개별 통어적 문법소의 의미 기능이 여러 가지 맥락에 따라 정도의 차이를 보이며 공손으로 확정되는 현상도 관찰하였다. 이를 바탕으로 하여 추측의 통어적 문법소를 3단계에 걸쳐 기술하고 추측의 통어적 문법소 교육 방안을 제시하였다,

신현정(2005)에서는 한국어교육에서 시제 및 양태 범주에서 중요하게 다루어지는 두 문법 항목인 '-겠-'과 '-(으)ㄹ 것이'를 대상으로 학습자들의 중간언어에서 나타나는 변이를 밝히는 데 목적을 두었다. 그의 연구에서는 '-겠-'과 '-(으)ㄹ 것이'의 선택과 사용에 있어서 필요한 여러 제약 조건들을 고려하여 일본어권 학습자, 중국어권 학습자, 영어권 학습자들을 대상으로 과제 유형에 따라 다르게 나타나는 변이 양상을 비교·분석하였다.

이미혜(2005)는 한국어 문법 교육에서 담화 층위 문법 항목의 구

성 및 선정, 배열 문법 항목의 기술, 그리고 이들에 대한 교육 방안을 제시하였는데 추측 표현을 중심으로 한 한국어 문법 교육을 위해 주로 문법 항목을 고찰하였다. 그리고 문법 항목 선정 기준을 세워서 한국어 교재에 있는 추측 표현 항목이 알맞게 선정되었는지를 논의하였다. 이를 바탕으로 한국어 추측 표현을 교육하기 위한 문법 체계와 방안을 제시하였다. 또한, 문법 교육의 상향식·하향식 모형을 살펴보고 그에 따른 추측 표현의 수업 구성안을 제시하였다.

이선영(2006)은 한국어교육을 위한 추측 표현 연구로, 다양한 추측 표현에 대한 개념을 정리하였으며, 추측 표현의 의미 및 기능을 파악하고 말뭉치로 빈도를 조사한 후 교재 분석을 통해 추측 표현 교육 방안을 연구하였다.

진기호(2006)는 '-는 것 같다', '-나 보다', '-는 모양이다' 등에 포함된 어휘는 서로 형태와 의미가 다름을 강조하며, 이 세 표현들이 모두 추측의 의미를 가지고 있으나 쓰이는 상황이 다르다고 하였다. 그리하여 각 문형에 내재된 어휘의 의미가 추측 표현의 의미 차이를 나타낸다고 보고, '-는 것 같다', '-나 보다', '-는 모양이다'의 공통점과 차이점을 고찰함으로써 각각의 표현에 내재된 어휘 의미를 활용하여 교수하는 방법을 모색해 보았다.

성미선(2009)은 추측 표현의 의미 기능 중에서 완곡어법으로 발화하는 공손 기능에 대한 연구가 잘 다루어지지 않았다는 점을 문제로 제기하였다. 이에 말뭉치 분석 자료를 통해 추측 표현의 의미 기능을 살펴본 결과, '화자의 확신'과 '판단의 근거'라는 기준을 세워 확신이 높지 않아서 판단의 책임 의식 역시 높지 않은 추측 표현들이 완곡어법으로 발화될 가능성이 높다고 판단하였다. 이에는 '-겠-'이 있고, '-것 같다'는 생산적으로 가장 널리 쓰이는 완곡어법이라고 하였다. 또한 추측 표현이 실제 담화 맥락에서는 어떻게 공손화 전략을 실현하고 있는지 그 양상을 살펴보고, 그 결과를 토대로 한국어교육에서 활용할 수 있는 교육 방안을 제시하였다.

정원기(2009)는 외국어로서의 한국어 문법 교육 중 초급 단계에 해당하는 문법 요소에서 '추측', '의지' 관련 문법 요소에 대하여 그 의미와 기능을 구체적으로 정의하고, 그에 따라 문법 교수 방안에서 이용할 수 있는 효과적인 방법을 모색하였다.

유창(2011)은 한국어 중 모국어 화자도 명확하게 알기 어려워하는 추측과 의지 표현을 선정해서 중국인 학습자들에게 추측 표현 중 '-는 것 같다-', '-나 보다-', '-는 모양이다-', 의지 표현 중 '-(으)ㄹ 것이-', '-(으)ㄹ래-', '-(으)ㄹ 게-'의 의미·통사적 제약, 기능을 구체적으로 살펴보고, 그에 따라 교육에 이용할 수 있는 효과적인 교수 방안을 모색하였다.

김고은(2013)은 추측 양태 표현을 대상으로 몽골어권 학습자와 중국어권 학습자의 습득 양상을 연구하였다. 더 나아가 학습자들의 언어권이 한국어 추측 양태 표현 습득에 중요한 영향을 미치고 있다는 것을 밝혔다. 논문에서는 몽골어권 학습자를 위해 추측 양상 표현 '-겠-', '-(으)ㄹ 것이다', '-(으)ㄹ 모양이다', '-(으)ㄹ 것 같다', '-(으)ㄹ 듯하다/듯싶다', '-나/는 가 보다', '-(으)ㄹ 지 모르다'의 총 7개 항목을 대상으로 하였다.

이상으로 국어학적 입장과 한국어교육적 입장에서의 선행 연구들을 살펴보았다. 한국어교육학에서의 추측 표현 교육 연구는 주로 국어학의 연구 성과들을 한국어교육의 관점에서 재기술하는 연구 정도로 그쳤고, 단순히 추측 표현을 통사와 의미적으로 분석하는 것이 많았다. 외국인 학습자가 한국어 학습 시 가장 중요한 학습 자료는 한국어 교재이다. 그러나 선행 연구 중에는 교재의 중요성에 대해 언급한 연구는 찾아보기 어렵다. 또한 실제 한국어 학습자들이 추측 표현 문법들을 배우고 나서 어느 정도 이해하고, 어떻게 사용하고 있는지에 대한 연구 역시 많지 않았다. 특히, 중국인 학습자를 대상으로 추측 표현에 대한 이해능력부터 사용능력까지의 과정에 주목한 연구는 없었다. 이를 토대로 구체적인 교수·학습 내용과 방안을 논의한 연구도 없었다.

따라서 본서에서는 위의 선행 연구를 보완하여 유사한 추측 표현들의 의미 차이를 명시적으로 제시할 뿐만 아니라 첫째, 외국인 학습자를 대상으로 한 한국어 교재의 장단점을 분석할 것이며, 둘째, 상기한 교재로 교육된 학습자들이 추측 표현을 어느 정도 이해하고 있는지에 대해 알아보고자 한다. 마지막으로 이들이 실제 생활에서 교육 받은 내용을 어떻게 활용하고 사용하고 있는지를 분석할 것이다. 이는 궁극적으로 추측 표현의 교수·학습 내용의 구축을 위한 토대가 될 것이며, 효과적인 의사소통을 위한 교수·학습 자료로 활용될 수 있을 것이다.

03
연구 내용 및 방법

한국어의 문법 요소는 여러 가지가 있는데 그 중에 추측 표현의 사용 빈도가 높다고 할 수 있다. 한국어의 추측 표현은 형태에 따라 미세한 의미 차이가 있기 때문에 학습이 쉽지 않다. 따라서 본서에서는 이를 구체적으로 제시할 방법을 모색하여 한국어 교재에서 제시된 추측 표현의 교육 내용을 고찰하고, 학습자의 이해능력을 파악하며, 실제 사용 능력과 사용 양상을 분석하여 이를 바탕으로 추측 표현의 효과적인 교수·학습 방안을 마련하고자 한다.

이를 위해서 2장에서는 선행 연구를 토대로 양태의 개념과 양태 표현의 하위 영역인 추측 표현의 개념에 대해 고찰하여 이를 한국어 교육의 관점에서 정리한 후에 본서의 연구 대상이 될 추측 표현의 문법 항목을 선정할 것이다. 그 방법은 국어학에서의 선행 연구, 한국어교육학에서의 선행 연구, 『표준국어대사전』, 한국어교육용 문법서의 중복도를 조사하고, 국립국어원에서 제시하고 있는 '현대 구어 말뭉치'에 나타난 추측 표현의 사용 빈도를 분석하여 그 선정의 기준으로 삼을 것이다.

제3장에서는 본서가 연구 대상으로 삼을 6가지의 추측 표현을 라센프리먼(Larsen-Freeman, 2003)의 '삼차원 문법 틀'을 기준으로 하여, 본서의 연구 대상인 각 추측 표현 항목 간의 형태적 특징, 의미적 특징, 화용적 특징을 살펴볼 것이다. 다음으로 중국인 학습자가 한국어 추측 표현을 파악하는 데 근거를 마련하고자 한·중 추측 표현의 특성 및 대응 관계 분석을 진행할 것이다.

제4장에서는 추측 표현 교육을 위한 전제를 고찰할 것이다. 먼저 한국어 추측 표현들이 국내 한국어 교재에서 어떻게 소개되고 설명되어 있는지에 대해 비판적 시각에서 접근하여 분석해 보고자 한다. 그 후에 자료 분석을 통해 중국인 중·고급 학습자의 추측 표현의 이해능력과 사용 오류 실태를 분석한다. 학습자 추측 표현의 이해능력 조사는 예비 설문조사, 1차 설문조사, 2차 설문조사를 통해 실시하며, 학습자 추측 표현의 사용능력 조사는 담화 완성형 테스트 설문 도구를 통해서 실시한다. 이해 측면뿐만 아니라 사용 측면을 분석하는 이유는 학습자가 교육 받은 문법 항목을 이해하였다 하더라도 실제 의사소통에서 사용하지 않거나 특정한 문법 항목만을 습관적으로 사용할 수 있기 때문이다.

제5장에서는 4장에서의 분석 결과를 토대로 추측 표현의 교육·학습 방안과 수업 모형을 마련하고자 한다. 교육 내용은 '이해능력 조사' 결과 측면, '사용능력 조사 측면'으로 나누어 진행할 것이다. '이해능력 조사' 측면은 추측 표현을 전면적으로 이해하기 위해 어떤 입력이 필요하며, 그 입력이 효과적으로 수용되기 위하여 어떤 인식 활동이 필요한지에 대한 것이다. '사용능력 조사'는 추측 표현을 적

절한 상황에서 자동적으로 사용하기 위해서 어떤 산출 단계를 거친 생성 활동이 필요한 지에 대하여 고찰할 것이다. 그리고 중·고급 단계 학습자의 문법 수업에 적합한 교수·학습 모형을 고안하고 이를 추측 표현의 구체적인 수업에 적용할 것이다.

한국어 추측 표현 교육 연구

제2장

양태와 추측 표현

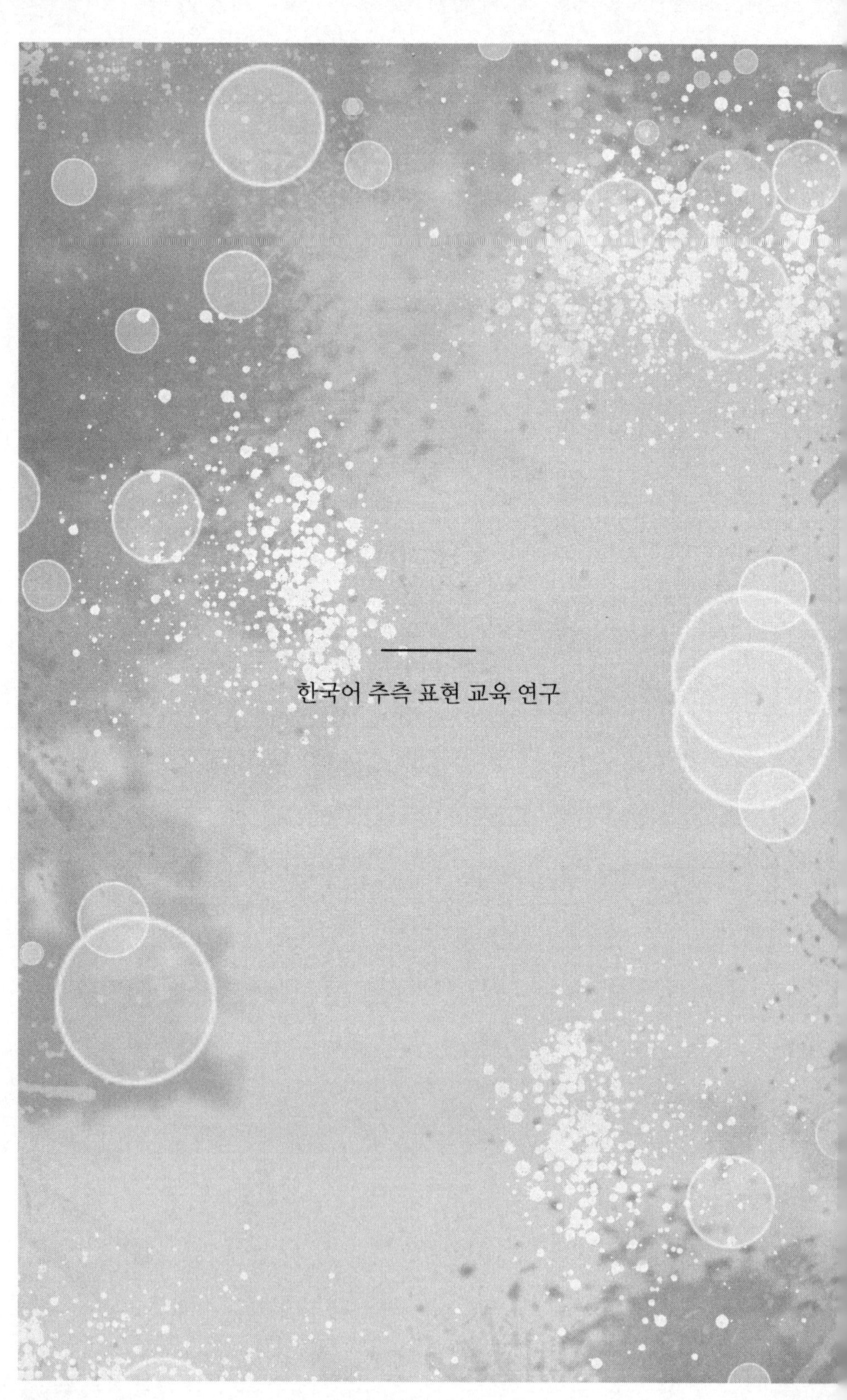

01
양태의 개념과 분류

1.1. 양태의 개념

추측 표현의 개념을 정리하기 위해 먼저 양태(modality)라는 개념부터 알아보고자 한다. 언어학에서 사용하는 양태(modality)라는 개념은 학자마다 다르게 범주화되었다. Jespersen(1924:425)은 서법(mood)을 "문장의 내용에 대하여 화자가 가지는 어떤 심리적 태도를 표시"하는 것으로, 이때의 이 태도가 "동사의 형태에 나타날 경우에만 '법'이다"라고 밝히고 있으나 통사적 범주로 포함시킬 수 없는 '개념적 법'에 대해서도 언급하고 있다. 이때 '개념적 법'을 본서에서 말하는 양태로 볼 수 있을 것이다. Lyons(1977:452)는 양태를 진리 양태, 인식 양태, 의무 양태로 분류하여 고찰하고, 양태는 '명제에 대한 화자의 태도'라고 정의하고 있다.

그 외에도 국어학에서 양태의 개념은 학자마다 다르게 범주화되었는데, 장경희(1985:9)는 양태를 '사건에 대한 화자의 정신적 태도를 나타내는 것'이라고 하였고, 고영근(1986)은 '서법에서 나타나는 화자의 태도와 관련되는 의미 영역과 기타 어휘적 수단에 의해 나타나는 부수적인 의미 자체를 가리키는 의미 범주'라고 하였다. 김지은(1998)은 '명제에 대한 화자의 심리적 태도'라고 하였고, 이선웅(2001)은 '화자가 명제 내용에 영향을 미치지 않고 한 문장 내에서 표현하는 심리적·정신적 태도'라고 정의하였다. 박재연(2003)에 의하면 양태의 기본 속성은 '화자의 태도'라는 모호한 용어가 아닌 '화자의 주관적인 한정(qualification)'이며, 양태는 '명제에 대한 화자·청자의 주관적인 한정을 표현하는 문법 범주'라고 했다.

이처럼 국어학에서 양태는 서법과 혼동되어 사용되어 왔으며, 그에 대한 논의는 지금까지 계속 진행되고 있다. 여기서는 우선 양태와 서법을 상하위의 관계로 보는 논의들부터 보고자 한다. 먼저 서정수(1995)는 서법을 화자가 말할 내용이나 청자에 대해 갖는 태도를 나타내는 범주로 보고, 필요에 따라 양태와 문체법으로 하위 구분할 수 있다고 언급하며 양태를 서법의 하위범주로 나타내고 있다. 이에 반해 이선웅(2001)은 양태가 의미적 개념인 양태성과 문법적 개념인 양태법을 아우르며 서법을 양태법으로 대체할 수 있으므로 불필요하다고 밝히며 양태를 서법의 상위로 보고 있다.

이와 달리 양태와 서법을 독립적인 범주로 보는 연구도 있다. 고영근(1986)은 "화자가 사태와 대결함으로써 나타나는 부수적 의미가 일정한 동사의 형태로 구현되는 문법 범주"를 서법으로, "서법 범주나 기타 어휘적 수단에 의해 나타나는 부수적인 의미 자체를 가리키는 의미 범주"를 양태로 보고 있다. 이에 반해 장경희(1985)는 이 둘을 각기 다른 문법적 범주로 보고 화자가 사건 그 자체에 대해 갖는 태도를 나타내는 양태소와 화자가 청자에 대해 갖는 태도를 나타내는 종결어미를 독립적인 범주로 설정하여 양태와 서법을 구분하였다. 박덕유(1998)는 화자의 주관적인 심리 작용의 양상에 관한 언어적 표현을 서법으로 보았고, 이 서법이 학자에 따라 양태, 양상, 법 등으로 다양하게 사용된다고 하였다.

이처럼 양태와 서법의 관계에 대해서 여러 논의가 있어 왔으나, 화자가 나타내는 태도가 무엇에 대한 것인지에 따라 구분되어 사용되므로 이를 분리하지 않을 경우 학습자에게 혼동을 일으킬 수 있어 특히 한국어교육에 있어서는 장경희(1985)와 마찬가지로 서법과 양태로 분리해서 보는 것이 필요하다.

위에서 본 바와 같이 양태의 개념은 학자마다 화자의 심리적 태도를 나타내는 부분에 대해 다르게 정의하고 있으나 Lyons(1977)가 정의한 '명제에 대한 화자의 태도'라는 양태 개념에서 크게 벗어나지 않았다. 따라서 본서에서도 양태의 개념을 '명제에 대한 화자의 심리적 태도'로 본다.

1.2. 양태의 분류

Lyons(1977:452)는 양태 범주를 인식 양태(epistemic modality)와 의무 양태(deontic modality)로 구분하였다. 인식 양태는 명제의 진리치에 대한 가능성, 필연성과 관련되고, 의무 양태는 도덕적으로 책임 있는 행위자가 수행하는 행동의 필연성이나 가능성과 관련되어 있으며 허용이나 의무를 나타낸다고 하였다.

최근에는 이러한 분류를 기초로 양태의 분류가 여러 가지로 제시되고 있는데 분류된 양태의 수와 명칭은 다양하게 나타나고 있다. 여기에서는 기존의 양태 분류 방법을 조사해 보고 그 타당성을 고찰하여 제시하면 다음과 같다.

〈표 1〉 양태에 대한 분류

연구자	양태에 대한 분류
김지은(1998)	화자 중심 양태, 주어 중심 양태
이선웅(2001)	인식 양태, 통보 양태, 정감 양태, 의무 양태
박재연(2003)	인식 양태, 행위 양태
고영근(2004)	인식 양태, 의무 양태
엄 녀(2009)	인식 양태, 비인식 양태

김지은(1998)은 심리적 주체 대상이 누구인지에 따라 화자 중심 양태와 주어 중심 양태로 구분하였다. 화자 중심 양태는 명제의 가능성, 개연성, 확실성 등에 대한 화자의 심리적인 태도나, 명제 실현에 대한 화자의 바람, 유감, 의도 등을 표현하는 것으로 전통적인 인식 양태가 확대된 개념이다. 주어 중심 양태는 선행 용언이 가리키는 행위나 상태와 관련하여 주어가 가지고 있는 의도, 바람, 능력, 의무 등의 조건이나 상태에 대한 화자의 판단을 나타내는 것으로 전통적인 의무 양태를 확대한 개념이라고 하였다.

이선웅(2001)은 경어법 요소를 화자의 정신적 태도와 관련되어 있다고 보고 상대경어법과 주체경어법을 양태법에 귀속시켰으며,

양태를 인식 양태, 통보 양태, 정감 양태, 의무 양태로 분류하였다. 박재연(2003)은 전통적인 이분법을 따르되 양태의 하위 분류를 의무 양태 대신 행위 양태로 명명하여 인식 양태와 행위 양태로 분류하였다.

고영근(2004)은 '화자의 심리적 태도와 관련되는 의미 영역의 일정한 동사의 활용형을 비롯하여 명사, 부사 등에 걸쳐 확인되는 의미론적 범주'를 양태로 보았다. 그리고 한국어는 인식 양태와 의무 양태의 분류만으로 충분하다고 하였다. 엄녀(2009)는 전통적인 양태 분류법을 따르되, 의무 양태를 인식 양태에 대응되는 비인식 양태로 대체하여, 양태를 인식 양태와 비인식 양태로 분류하였다.

본서는 양태의 개념정리에 있어 Lyons(1977:452)와 입장을 같이하여 전통적인 인식 양태와 의무 양태의 이분법적인 관점을 따르고자 한다. 명제의 진리치에 대한 가능성, 필연성과 관련된 인식 양태에는 '추측, 가능성, 당연, 정도' 등이 포함되고, 도덕적으로 책임 있는 행위자가 수행하는 행동의 필연성이나 가능성과 관련된 의무 양태에는 '능력, 희망, 의도, 의지, 의무, 허용' 등이 포함된다. 상술한 바와 같이 양태의 범주에 대해서는 여러 분류가 있지만, 본서의 대상은 '추측' 표현이므로 이와 관련된 '인식 양태'에 한정하여 살펴보도록 한다.

추측 표현은 상술한 양태의 한 범주로 인식 양태에 속한다. 인식 양태에 대해 Palmer(2001:24-26)는 화자가 명제의 사실적 사태(factual status)에 대한 판단을 하는 것으로 보았으며, 불확실성(uncertainty)을 표현하는 추론(speculative), 관찰 가능한 증거를 바탕으로 추측을 하는 연역(deductive), 마지막으로 일반적인 지식으로부터 추측을 하는 가성(Assumptive)으로 구분하였다.

Bybee 등(1994:179)은 인식 양태는 단어에 적용되고 명제의 진위에 책임을 지는 것에 관해 나타내는 것이라고 보았으며, 이 인식 양태가 가능성(possibilty), 개연성(probability), 추론된 확실성(inferred certainty) 으로 표현된다고 밝히고 있다.

(1) a. 선생님께서 바쁘셔.

b. 선생님께서 바쁘실 거야.

위의 예문을 보면 (1a)는 사실에 대해서 단언을 하고 있지만, (1b)는 명제에 대해서 화자가 확실하지 않은 태도를 보이면서 판단을 내리고 있음을 알 수 있다. 이렇게 명제 실현의 확실성에 대해서 화자가 나타내는 태도와 관련되는 추측 표현이 전통적으로 개연성, 가능성, 확실성을 나타내는 인식 양태의 한 범주임을 알 수 있다.

'추측'은 화자의 감정, 생각, 느낌 등 심리를 나타내는 주관적인 판단을 말한다. 추측 표현은 화자의 심리적 태도인 '양태'의 하위 범주이며, 그 중에서도 인식 양태 안에 포함된 범주이다. 다시 말하면 '추측'은 양태의 한 부분으로 파악된다. 양태는 원래 언어 철학의 일부인 양상 논리(modal logic)에서는 가능성(possibility)이나 필연성(necessity)의 개념과 관련이 있는 것이다.

양상 논리(modal logic)에서는 전통적으로 양태를 인식 양태와 의무 양태의 두 종류로 나누었다. 인식 양태는 명제의 진리치에 대한 가능성이나 필연성에 관련된 것으로 그것에 대한 화자의 지식이나 믿음을 포함하는 것이고, 의무 양태는 도덕적으로 책임 있는 행위자가 수행하는 행동의 필연성 또는 가능성에 대한 허용이나 의무와 관련되어 있다.[3]

3 김지은(1998) 참조.

02
한국어 추측 표현 선정

2.1. 선정 기준

한국어교육에서 효율적인 교수가 필요한 추측 표현을 한정하여 연구하고자 한다. 추측 표현의 항목을 선정하기 위해는 객관적인 기준이 필요하다. 이에 대해서는 기존의 많은 학자들에 의해 연구가 이루어져 왔기 때문에 본서에서는 선행 연구에서 제시하고 있는 항목들을 살펴보고, 이를 통해서 본서의 항목 선정을 위한 기준을 마련하고자 한다. 한국어교육에서 문법 항목을 선정할 때의 고려 사항에 대한 선행 연구는 다음과 같다.

(1) **김유정**(1998)

① 국어 문법 체계 속에서 국어의 전체적인 구조를 보여줄 수 있는 것이어야 한다.

② 문법 목록의 자료 조사는 국어사전과 문법서, 실제 자료(authentic material)에서 이루어져야 한다.

③ 실제 자료들을 분석하는 과정에서 그 빈도수가 우월하게 나타나는 항목들을 우선으로 선택한다.

④ 동일한 형태소가 다양한 의미나 기능을 수행하거나 여러 가지 담화 기능을 담당할 때 그것을 적절하게 목록화 할 수 있는 언어학지식이 요구된다.

(2) **방성원**(2004)

① 실용성: 학습한 이후 실제로 사용할 가능성과 관련된 것으로 해당 문법 항목의 빈도가 높다는 것을 전제한다. 문법 항목의 빈도는 실제 언어 자료에 나타난 사용 빈도와 교육적 자료에 나타난 출현 빈도를 바탕으로 하여 알 수 있다.

② 원형성: 문법화한 형태의 용법들 중 학습 문법 항목을 제한적으로 선정해야 할 경우 의미적으로 원형적인 것을 우선적으로 선정한다.

③ 대표성: 학습 문법 항목 자체는 대표성을 띠는 문법 형태 중심으로 선정하는 것이 생산적이다.

④ 문법 체계의 균형성: 체계적인 국어 문법 연구의 결과를 바탕으로 전체 학습 단계에 걸쳐 가능한 한 균형 있는 문법 자료를 접하도록 한다.

(3) **이미혜**(2005)

① 한국어 문법 내용의 핵심적인 것을 선택한다.

② 문법 항목은 필수적인 요소로 구성한다.

③ 보편적·일반적인 언어 사용 양상을 고려한다.
④ 교육적으로 응용할 수 있는 것을 선정한다.

(4) **엄녀(2010)**

① 기존의 양태에 관한 연구 논문들과 한국어교육 자료에서 양태표현으로 인정되고 기술되었던 문법 항목들을 선택한다.
② 문법화 정도가 높은 것을 선택한다.
③ 양태 표현의 하위 분류 체계에서 확인할 수 있는 것을 선택한다.
④ 현대 한국어에서 빈번하게 확인되는 사용 빈도가 높은 표현만을 선택한다.

위에서 살펴본 내용을 정리하면 문법 항목을 선정하는 데 핵심적으로 제시된 기준은 '사용 빈도', '국어학적 연구를 바탕으로 언어 사용의 보편적인 문법 항목 선택', '한국어교육적인 응용 효과' 등이다. 또한 문법 항목을 선정할 때 국어사전과 문법서, 실제 자료로 하는 것이 필요하다고 하였다. 따라서 본서에서는 상기한 내용을 토대로 다음의 네 가지를 원칙을 고려하여 '한국어교육을 위한 추측 표현 항목'을 선정하였다.

1) 교육적인 응용 효과를 고려하여 가능한 형태를 선정한다.

추측 표현은 의미의 공통성으로 묶인 양태의 범주이기 때문에 추측을 실현하는 형태는 매우 다양하다. 따라서 국어학적 연구에서처럼 개별 형태로 제시하는 것보다는 문법 결합 형태인 표현 항목으로 제시하는 것이 더 의미 있다고 본다. 이는 현대 한국어 교재에서 이루어지고 있는 방식이며 이러한 표현항목으로 얻을 수 있는 학습의 효과는 이론적 배경에서 제시한 바 있다.[4]

2) 기존의 연구와 사전 및 문법서를 중심으로 추측 표현 항목을 선정한다.

한국어교육에 필요한 추측 표현의 항목이 어떤 것이 있는지 고찰할 필요가 있다. 그러나 국어학에서 추측 표현은 대부분 개별 형태로 연구되어 왔고, 추측 표현 항목을 선정하기 위한 연구는 부족하다. 따라서 본서에서는 기존의 추측 표현 항목을 제시한 선행 연구와 더불어 『표준국어대사전』과 한국어교육용 문법서의 목록을 참고하여 제시할 것이다.

『표준국어대사전』은 국가에서 최초로 직접 편찬한 사전으로 통일성 있는 규범 사전이라 할 수 있고, 한국어 모어 화자들이 사용하는 추측 표현의 항목을 제시하고 있다는 것이 장점이다. 다만, 사전이라는 특성상 어휘로 제시되어 있기 때문에 표제어 설명 안에 제시된

---

4 이미혜(2005)는 교육적으로 응용할 수 있는 항목을 선정하기 위해서는 첫째, 보편적이고, 관용적서 한국 사회에서 널리 쓰이는 상투적인 표현은 완전 고정형으로, 그 밖은 부분 고정형으인 형태를 선정하고, 둘째, 통어적 단순성, 계열적 유통성을 갖도록 구성해야 한다고 하면로 제시하여 확장하는 것이 바람직하다고 하였다.

문법 결합 정보를 토대로 목록을 제시하였다. 한국어교육용 문법서는 그동안의 체계적인 연구와 경험을 토대로 한국어교육에 적합한 문법 항목들을 제시하고 있다고 판단하였기 때문에 대상에 포함하였다.

3) 형태적으로 필수적인 항목을 선정한다.[5]

기본적이고 필수적인 문법 항목으로 문법을 학습하면 학습 내용의 부담을 줄일 수 있고, 이러한 학습 결과가 누적되면 자연스럽게 결합 형태를 학습할 수 있기 때문이다.

(2) a. -(으)ㄹ지 모르다.

b. -(으)ㄹ지 모르겠네.

위의 예문에서 (2a)는 종결형 추측 표현이고, (2b)는 활용형의 추측 표현이다. 이렇게 활용형이 다양한 경우는 기본형을 제시하는 것이 학습자들에게 혼란을 적게 할 수 있기 때문이다.

5 이효정(2004)은 기본 형태와 확장 형태로 구분하여 서술격 조사, 시제, 조사 등이 결합한 확장 형태는 별도의 항목으로 제시하는 것이 아니라 부가되는 내용으로 제시하는 것이 좋다고 하였다. 이미혜(2005)도 보조사, 높임, 시제, 긍정/부정, 진술/의문 등은 부가 요소로 보고 필수적이지 않다고 하였다.

4) 사용 빈도를 고려하여 항목을 선정한다.

대부분의 선행 연구에서 문법 항목 선정 기준에 사용 빈도의 중요성을 강조하고 있다. 이는 한국어 모어 화자가 널리 사용하는 항목은 그만큼 학습자들의 실제 의사소통 상황에서 사용 가능성이 높다는 뜻과 같다고 볼 수 있기 때문이다.

본서에서는 위와 같은 문법 항목의 선정 기준을 바탕으로 추측 표현의 항목을 선정하였으며 절차는 다음 [그림 1]과 같다.

선행 연구, 표준국어대사전, 한국어교육용 문법서에서의 추측 표현의 목록의 중복도를 살펴본다.
⇩
형태적으로 필수적인 항목을 선정한다.
⇩
중복도가 높으면서 사용 빈도가 높은 항목을 최종적으로 선정한다.
⇩
21세기 세종계획 현대 구어 형태 말뭉치를 통하여 사용 빈도를 살펴본다.
⇩
본서의 연구 대상을 선정한다.

[그림 1] 추측 표현 항목 선정 절차

2.2. 사전 조사

문법 항목의 선정에 관한 연구로는 안명철(1983), 이해영(1998), 이필영(1998), 이해영(2004), 방성원(2004), 안주호(2004), 이미혜(2005), 엄녀(2009), 김세령(2011) 등이 있다.

안명철(1983)은 추정적 추측 표현으로는 '-겠-', '-(으)ㄹ 것이다', '듯하다', '-는 것 같다', '-듯싶다', '-는 모양이다', '-게 생겼다', '-나 보다/싶다'를 언급하였고, 화자의 추정적 태도로 비사실성 인지(認知)동사를 사용한 표현으로는 '-지 모르겠다', '-다고 추측한다/짐작한다/본다/생각한다'를 언급하며 이와 더불어 양상 부사가 추정적 표현과 어울려 사용된다고 하였다.

이해영(1998)은 의사소통적 목표에 긍정적으로 기여하는 문법 교수의 필요성에 대해 언급하고, 이를 바탕으로 문법 교수의 원칙 및 문법 항목의 배열 기준을 제시, 화용적 고려의 필요성에 대해 논의하였다. 문법 항목의 배열 기준으로 난이도, 빈도수, 기능, 과제를 제시하였고, 이해영(2004)에서는 항목 선정시 고려되어야 할 것으로 빈도, 분포 범위, 학습 용이성을 제시하였다.

이필영(1998)은 추측 표현 중 특히 '-은 듯싶-', '-을 듯싶-', '-은 듯하-', '-은 것 같-', '-을 것 같-', '-은 모양이-', '-을 모양이-', '-은 게-', '-을 것이-'의 9가지 추측 표현을 고찰하였다. 이를 통해 사태의 실제성 여부에 대한 판단 및 판단의 확신 정도, 판단의 주·객관성, 판단의 주체에 대한 제약, 판단의 시점에 대한 제약에 대한 각 표현들의 특성을 정리하고 제시하였다.

방성원(2004)은 한국어 문법 교육에서 문법 선정과 배열의 문제가 용이하지 않은 형태들 중에 문법화 현상과 관련된 형태들에 주목하면서 '-다고-'와 관련된 형태의 문법 항목을 선정, 배열하고 교육 방안을 모색하였다. 문법 선정의 기준으로 실용성, 원형성, 대표성, 체계의 균형성을 제시하였고, 배열의 원리로는 단원 주제, 목표기능과의 긴밀한 연결 관계가 가장 중요함을 언급하면서 기능 수행력, 과제 수행력, 관련성과 난이도를 제시하였다.

안주호(2004)는 한국어의 추측을 나타내는 양태 표현 '-(으)ㄹ 것이다', '-(으)ㄹ 모양이다', '-(으)ㄹ 것 같다', '-(으)ㄹ 듯하다', '-(으)ㄹ 법하다', '-지 모르다', '-ㄹ까 싶다', '-ㄴ/나 보다', '-(으)ㄹ 듯하다' 등을 의미적으로 분류하였는데 명제 내용의 사태의 확신 정도에 따라서 확실성 추측, 개연성 추측, 가능성 추측으로 나누었다.

이미혜(2005)는 한국어 문법 교육에서 문법 항목의 구성 및 선정, 문법 항목의 배열, 문법 항목의 기술에 대한 교육문법의 원리를 세웠다. 문법 내용에서 문법 항목이 어떻게 구성되는지를 살펴보고, 한국어 문법 항목의 유형과 특성을 찾아보았다. 그리고 문법 항목 선정 기준을 세워서, 한국어 교재의 추측 표현 항목이 알맞게 선정되었는지를 논의하였다.

엄녀(2009)는 기존의 양태 표현에 관한 연구들과 교육 자료에서 양태 표현으로 선정하였던 항목들을 목록화하고, 그 중에서 적절한 것을 양태 표현의 문법 항목으로 선정하였고, 또 의미 유형에 따른 양태 표현 목록을 제시하여 분석 결과에서 추측 의미로 나타난 문법 항목을 10개로 제시하였다.

김세령(2011)은 한국인들의 추측 표현의 양상을 구어 말뭉치 자료를 통하여 알아본 후 구어 말뭉치 자료 분석을 통하여 추출된 추측 표현 전체 100% 중 1% 이상을 차지한 추측 표현을 선정하여 연구를 하였다. 그리고 선정한 추측 표현을 구어 텍스트에서 찾아내어 한국인 학습자들이 그러한 추측 표현을 어떻게 사용하고 있는지를 분석하였다.

선행 연구에서 알 수 있듯이 한국어 문법 항목의 선정에 대한 연구는 주로 기능, 과제, 실용성, 학습자의 용이성, 사용 빈도와 난이도 등을 공통적 기준으로 제시하고 있다. 이러한 한국어 문법 항목의 선정에 관한 기준들은 본서의 진행에 있어서 중요한 기준점이 될 수 있을 것이다. 한국어교육에서 문법 항목을 선정할 때의 고려 사항에 대한 선행 논의를 보면, 추측 표현 항목의 선정을 위해 참고로 한 연구 논문들과 교육 자료는 다음 〈표 2〉와 같다.

〈표 2〉 한국어 추측 표현 항목 선정을 위한 참고자료

한국어 추측 표현 항목 선정을 위한 자료			
국어학에서의 연구	한국어 교육학에서의 연구	사전	교육용 문법서
안명철(1983) 이기종(1996) 이필영(1998) 안주호(2004)	이효정(2004) 이미혜(2005) 엄 녀(2010) 김세령(2011)	국립국어원 (2008) 『표준국어 대사전』	국립국어원 (2005) 『외국인을 위한 한국어 문법Ⅱ』

위 〈표 2〉에서 문헌 및 한국어 학습 사전에서의 추측 표현 항목과 중복도를 분석하면 다음 〈표 3〉과 같다.

〈표 3〉 교육 논의에서 제시하고 있는 추측 표현 항목

연구자	추측 표현 항목
안명철(1983)	{-겠-}, {-(으)ㄹ 것이다}, {-듯하다}, {-는 것 같다}, {-듯싶다}, {-는 모양이다}, {-게 생겼다}, {-나 봐다}, {-나 싶다}, {-(으)ㄹ 지 모르다}, {-다고 추측한다}
이기종(1996)	{-겠-}, {-리-}, {-(으)ㄹ 것이다}, {-나/는가 보다}, {-(으)ㄹ 것 같다}, {-(으)ㄹ 모양이다}, {-(으)ㄹ 듯싶다}, {-(으)ㄹ 듯하다}, {-(으)ㄹ지 모르다}, {-(으)ㄹ텐데}, {-터-}, {-(으)ㄹ 테니까}, {-성싶다}, {-(으)ㄹ 법하다}, {-(으)ㄴ/는가 하다}
이필영(1998)	{-(으)ㄹ 듯싶다}, {-(으)ㄹ 듯하다}, {(으)ㄹ 것 같다}, {-(으)ㄹ 모양이다}, {-(으)ㄹ 것 이다}
안주호(2004)	{-겠-}, {-(으)ㄹ 법하다}, {-(으)ㄹ 것이다}, {-(으)ㄹ 듯싶다}, {-(으)ㄹ 듯하다}, {-(으)ㄹ 모양이다}, {-나/는가 보다}, {-(으)ㄹ 것 같다}, {-(으)ㄹ지 모르다}, {-(으)ㄴ/는가 하다}, {-나/는가 싶다}
이효정(2004)	{-겠-}, {-(으)ㄹ 것이다}, {-나/는가 보다}, {-(으)ㄹ 것 같다}, {-(으)ㄹ 모양이다}, {-(으)ㄹ걸}, {-(으)ㄹ 듯싶다}, {-(으)ㄹ 듯하다}, {-(으)ㄹ까 싶다}, {-지 싶다}, {-(으)ㄹ지 모르다}, {-(으)ㄹ텐데}, {-성싶다}, {-(으)ㄹ 법하다}, {-(으)ㄴ/는가 하다}
이미혜(2005)	{-(으)ㄹ 것이다}, {-(으)ㄹ 모양이다}, {-(으)ㄹ 성싶다}, {-(으)ㄹ 것 같다}, {-(으)ㄹ 듯하다}, {-(으)ㄹ 법하다}, {(으)ㄹ지 모르다}, {-(으)ㄹ까 싶다} {나/가 보다}
엄 녀(2010)	{-(으)ㄹ 것이다}, {-(으)ㄴ가/는가/나 보다}, {-(으)ㄴ/는/(으)ㄹ 것 같다}, {-(으)ㄴ/는/(으)ㄹ 모양이다}, {-(으)ㄴ/는/(으)ㄹ 듯싶다}, {-(으)ㄴ/는/(으)ㄹ 듯하다}, {-(으)ㄴ가/는가/나 싶다}, {-(은지/는지/을지) 모르다}, {-(으)ㄴ가/는가/나 하다}, {-(으)ㄹ 수 있다}
김세령(2011)	{-겠-}, {-(으)ㄹ 것이다}, {-(으)ㄴ가/는가/나 보다}, {-(으)ㄴ/는/(으)ㄹ 것 같다}, {-(은지/는지/을지) 모르다}, {-(으)ㄹ걸}

『표준국어대사전』 (2008)	{-겠-}, {-(으)ㄹ 것이다}, {-(으)ㄴ가/는가/나 보다}, {-(으)ㄴ/는/(으)ㄹ 것 같다}, {-(으)ㄴ/는/(으)ㄹ 모양이다}, {-(으)ㄹ 걸}, {-(으)ㄴ/는/(으)ㄹ 듯싶다}, {-(은지/는지/을지) 모르다}, {-터-}, {-(으)ㄹ 법하다}, {-성싶다}, {-(으)ㄴ가/는가/나 하다}, {-(으)ㄹ 까}, {-을꼬}
「외국인을 위한 한국어문법Ⅱ」	{-겠-}, {-(으)ㄹ 것이다}, {-(으)ㄴ가/는가/나 보다}, {-(으)ㄴ/는/(으)ㄹ 것 같다}, {-(으)ㄴ/는/(으)ㄹ 모양이다}, {-(으)ㄹ 걸}, {-아서인지}, {-(은지/는지/을지) 모르다}, {-터-}, {-(으)ㄹ 법하다}, {-성싶다-}, {-(으)ㄴ가/는가/나 하다}, {-(으)ㄹ 까}, {-을꼬}, {-(으)ㄴ가/는가/나 싶다}, {-으려는지}

〈표 3〉에서 문헌 및 한국어 학습 사전에서의 추측 표현 항목과 그 중복도를 분석하면 다음 〈표 4〉와 같다.

〈표 4〉 추측 표현 항목별 중복도

순번	문법 항목	안명철 1983	이기종 1996	이필영 1998	이효정 2004	안주호 2004	이미혜 2005	엄녀 2010	김세령 2011	표준국어대사전	한국어문법 II
1	{-겠-}	○	○	×	○	×	○	×	○	○	○
2	{-(으)ㄹ 것이다}	○	○	○	○	○	○	○	○	○	○
3	{-(으)ㄹ 듯하다}	○	○	○	○	○	○	○	×	×	×
4	{-((으)ㄹ 듯싶다}	○	○	○	○	×	○	○	×	○	×
5	{-(으)ㄹ 것 같다}	○	○	○	○	○	○	○	○	○	○
6	{-(으)ㄹ 모양이다}	○	○	○	○	○	○	○	×	○	○

7	{-(으)ㄴ/는가/나 보다}	○	○	×	○	○	○	○	○	○	○
8	{-(으)ㄹ 수 있다}	×	×	×	×	×	×	○	×	×	×
9	{-(으)ㄴ가/나하다}	×	○	×	○	×	○	○	×	○	○
10	{-(으)ㄹ 텐데}	×	○	×	○	×	×	×	×	×	×
11	{-(으)ㄹ걸-}	×	○	×	○	×	×	×	○	○	○
12	{-(은가/나/을/지)싶다}	×	○	×	○	×	×	×	×	×	×
13	{-(으)ㄹ 터이다}	×	×	×	×	×	×	×	×	○	○
14	{-(으)ㄹ지도 모르다}	○	○	×	○	○	○	○	○	○	○
15	{-(으)ㄹ법하다}	×	○	×	○	○	○	×	×	○	○
16	{-(으)ㄹ 성싶다	×	○	×	○	○	○	×	×	○	○
17	{-나/(으)ㄴ/는가 싶다}	○	×	×	×	×	○	○	×	×	○
18	{-아/어서 인지}	×	×	×	×	×	×	×	×	×	○
19	{-(으)ㄹ까 싶다}	×	×	×	○	○	×	×	×	○	○
20	{-(으)ㄹ 꼬}	×	×	×	×	×	×	×	×	○	○
21	{-(으)려 는지}	×	×	×	×	×	×	×	×	×	○
22	{-리}	×	○	×	×	×	×	×	×	×	×
23	{-다고 추측하다}	○	×	×	×	×	×	×	×	×	×
24	{-게 생겼다}	○	×	×	×	×	×	×	×	×	×
합계	24	11	15	5	15	9	12	10	6	14	16

추측 표현 항목 및 중복도를 살펴본 결과 각각 5~16가지의 항목을 제시하고 있으며, 다음 〈표 5〉와 같이 모두 24개의 추측 표현 항목이 있음을 알 수 있다.

〈표 5〉 한국어교육 논의에서 제시하고 있는 추측 표현 항목

순번	추측 표현 문법 항목	순번	추측 표현 문법 항목
1	-겠-	13	-나/(으)ㄴ/는가 싶다
2	-(으)ㄹ 것이다	14	-아/어서 인지
3	-(으)ㄴ/는/(으)ㄹ 듯하다	15	-(으)ㄹ까 싶다
4	-(으)ㄴ/는/(으)ㄹ 듯싶다	16	-(으)ㄹ 꼬
5	-(으)ㄴ/는/(으)ㄹ 것 같다	17	-(으)려는지
6	-(으)ㄴ/는/(으)ㄹ 모양이다	18	-리
7	-(으)ㄴ/는가/나 보다	19	-다고 추측하다
8	-(으)ㄹ 수 있다	20	-게 생겼다
9	-(으)ㄴ가/는가/나 하다	21	-(으)ㄹ 터이다
10	-(으)ㄹ 텐데	22	-(으)ㄹ지도 모르다
11	-(으)ㄹ걸-	23	-(으)ㄹ 법하다
12	-(은가/나/을/지) 싶다	24	-(으)ㄹ 성싶다

실제 의사소통 상황에서 많이 쓰이지 않는 옛 표현인 '-리-'와 '-(으)ㄹ 터이다-', '-(으)ㄹ 꼬'는 추측 표현 항목에서 제외하였다. 또한 '-아서인지', '-(으)ㄹ 텐데', '-으려는지', '-(으)ㄹ까 싶다', '-(으)ㄹ 수 있다', '-(은가/나/을/지) 싶다', '-게 생겼다', '-나/(으)ㄴ/는가 싶다', '-다고 추측하다'는 낮은 중복도를 보이므로 목록 선정에서 제외하였고, 현대 한국어에서 빈번하게 확인되며 사용 빈도가 높은 표현만을 목록에 포함하였다. 그리고 이미혜(2005)에 따라 '-(으)ㄹ 성싶다', '-(으)ㄹ 법하다'는 교재에서 문법 항목으로 제시되어 있지 않고 현대 구어에서도 사용 빈도가 낮으므로 본서에서도 추측 표현 목록에서 제외하였다. 따라서 본서에서 중복도를 분석하여 선정한 추측 표현 목록은 총 10개로 다음 〈표 6〉과 같다.

〈표 6〉 본서의 사용 빈도 조사 항목

순번	추측 표현 문법 항목	순번	추측 표현 문법 항목
1	-겠-	6	-(으)ㄴ/는/(으)ㄹ 모양이다
2	-(으)ㄹ 것이다	7	-(으)ㄴ/는가/나 보다
3	-(으)ㄴ/는/(으)ㄹ 듯하다	8	-(으)ㄹ지도 모르다
4	-(으)ㄴ/는/(으)ㄹ 듯싶다	9	-(으)ㄹ걸(요)
5	-(으)ㄴ/는/(으)ㄹ 것 같다	10	-(으)ㄴ가/는가/나 하다

2.3. 사용 빈도 분석

사용 빈도는 교육용 문법 항목을 선정할 때 중요한 기준이다. 사용 빈도가 높다는 것은 한국어 모어 화자가 의사소통 상황에서 많이 사용한다는 뜻으로 학습자가 실제 많이 접하게 된다는 의미이기도 하다. 한국인들은 어떤 추측 표현들을 가장 많이 사용하고 있는지, 그 빈도를 알아보고자 한다.

2.3.1. 분석 대상 선정

본서에서 연구대상으로 삼을 추측 표현을 선정하기 위하여 몇 가지 기준을 제시하였다. 그 제시 기준 중 하나였던 일상생활에서의 사용 빈도를 알아보기 위하여 본서에서는 '21세기 세종계획 말뭉치 분석 자료'[6]를 이용하였다. 2013년 8월 현재 '국립국어원 언어정보 나눔터'에 제시된 총 3,934개의 말뭉치 자료 중 '현대 문어', '한영 병

렬', '한일 병렬', '역사'의 자료는 제외하고, '현대 구어'말뭉치 자료 400개를 선별하였다. 선별된 400개의 현대 구어 말뭉치 자료는 또다시 자료의 주석 단계에 따라 200가지의 '형태 분석 자료' 와 200가지의 '원시 구어 자료'로 분류할 수 있다.

본서의 연구 대상인 추측 표현은 그 특성상 형태소별로 분류하여 분석하기보다는 문장이나 문맥을 통해 분석을 하는 것이 바람직하다는 판단으로, '원시 구어 자료'를 분석 대상으로 선택하였다. 제시된 원시구어 자료에는 '설교', '강의', '독백', '주제대화', '강연', '일상대화' 등이 있는데, 본서에서는 본서의 연구 취지와 가장 부합되는 '일상대화'를 그 분석 대상으로 선정하여 '국립국어원 언어정보나눔터'에 제시된 총 45개의 일상대화 말뭉치(2012년 8월 1일 작성본) 자료 18만 4천여 개의 어절을 분석하였다.

2.3.2. 분석 방법

앞서 선정한 45개의 말뭉치 자료, 총 18만 4천여 개의 어절을 분석하기 위하여 국립국어원 언어정보나눔터에서 제공받은 45개의 말뭉치자료를 '마이크로소프트 오피스 엑셀(microsoft office excel)' 파일(file)로 변환하였다. 변환된 45개의 파일을 하나의 시트(sheet)에

---

6 21세기 세종계획 말뭉치는 한국어를 바탕으로 하는 정보 사회 건설을 목표로 세계 수준의 국어기초 자료 구축을 통하여 한국어 연구 기반을 마련하였다. 현대 한국어의 총체적 현실을 반영하는 대규모의 국가 말뭉치 구축으로 현대 한국어의 사용 빈도를 분석하는 데 도움이 될 것이다.

통합한 후, 45개의 각 말뭉치자료를 각각 코드(code)화하여 입력하였으며, 추측 표현의 기본값을 추출하기 위하여 엑셀의 VBA기능을 활용하여 모든 문장의 단어를 하나하나의 글자 단위로 분리하였다. 분리된 글자단위의 데이터는 엑셀의 데이터베이스 함수기능, 텍스트 및 데이터 함수기능, 논리 함수기능 등을 이용하여 추측 표현의 기본값 글자가 들어있는 문장을 골라내었고, 그 문장들을 다시 VBA 기능을 활용하여 원상태의 문장으로 돌려놓았다.

원상 복구된 문장들의 문맥을 확인하기 위하여 앞서 말한 code를 활용하여 문장의 앞뒤 문장을 불러내어 문맥 안에서의 표현의 추측성 여부를 직접 확인하는 방법으로 빈도수를 측정하였다. 한국어의 추측 표현을 그 기본값만 가지고 분석하는 경우 그 변화나 의미의 정확한 분석이 어렵다고 판단했기 때문에 전후 문장을 보고 문맥 안에서 판단하려 하였다. 측정된 빈도수를 엑셀의 피벗테이블 기능을 이용하여 표로 나타내었는데, 아래 〈표 7〉과 같다.

〈표 7〉 21세기 세종계획 말뭉치 자료 빈도 분석표

분석한 말뭉치자료 21세기 세종계획 현대 원시 구어자료 일상대화 말뭉치로 제시된 총 45개 말뭉치 (18만 어절)		말뭉치내 총 어절수	~같다	~겠~	~나보다	~걸	~것이다	~지 모르다	~듯하다	~모양이다	~듯싶다	~성싶다	~법하다	~나/가 하다
計		184,205	841	790	164	75	51	42	10	1	0	0	0	0
추측표현별 빈도수 비중			43%	40%	8%	4%	3%	2%	0.5%	0.1%	0%	0%	0%	0%
1	취미	1,709	11	4	3	1	2							
2	재수강 과목에 대해	1,921	5	4		3		2						
3	후배들과의 대화	517	0	5			1							
4	운전면허에 대해	4,548	9	11	1	3	7							
5	여대생 10인 잡담	3,665	25	17	1	1	2	1						
6	식생활에 대해	4,589	28	20	4		2							
7	식사중 회사원 3인	2,990	13	8	4			1						
8	식사중 대학생 3인	4,112	23	34	2	3	1	1						
9	삼십대	14,856	77	71	25	6	5	1						
10	방학에 대해	3,883	17	10	5	2								
11	미팅	14,194	58	53	30	3	8	1	2					
12	물품구입	5,452	33	15	10		1							
13	동아리	680	7	4	2									
14	도서관에서	2,003	9	4	2	2		1						
15	대학생 4인 잡담	5,307	29	27	7	2	1	1	3					
16	대학생 3인 잡담	2,102	11	13										
17	날씨에 대하여	4,067	16	8	1	1								
18	교통수단, 하루생활	3,711	15	30	3	1	4	3	1					
19	관광명소등에 대해	7,558	47	31	4	1	1		1					
20	가족과 사랑에 대해	9,127	32	35	12		2	4						

21	점심시간	4,581	21	30	4	2								
22	저녁시간	8,157	17	40	8	7		1	1					
23	휴식시간	2,321	16	3	1	1		2						
24	칠레	2,491	9	15	1									
25	질병과 건강	2,845	5	9	3		1							
26	정치와 경제	10,004	77	59	1	7	2	3						
27	인터넷 싸이트	2,385	11	9	4	7	1							
28	식사잡담	976	2	8	1	1								
29	버스에서 친구들과	2,106	13	15		2								
30	후배와의 대화	2,021	9	7	1	1								
31	아버지 학교생활	4,242	5	21						1				
32	식사중 대학생 2인#2	1,883	7	12	2	1			1					
33	식사중 대학생 2인#1	2,308	9	11		1								
34	수강신청과목	2,706	10	9		2	2	3						
35	머리에 대해서	1,492	5	6	1	1	1	3						
36	대학생2인 잡담#2	997	10	7	1	1								
37	대학생2인 잡담#1	1,099	8	3										
38	교육에 대해	4,096	23	8	3			4						
39	강의 시작전 7인#2	3,594	12	8	2	2	2	1						
40	강의 시작전 7인#1	1,015	9	2										
41	식사	2,559	7	16	3	2		2						
42	수강과목	1,602	4	6	1									
43	미팅#2	5,488	12	19	2	1		2						
44	대학생 놀이문화	8,729	21	42	5	7	5	4						
45	개인담	7,517	54	21	4			1	1					

말뭉치 자료를 분석한 결과, 추측 표현의 사용 빈도를 보면 다음 〈표 8〉과 같다.

〈표 8〉 말뭉치에서 나타난 추측 표현 사용 빈도

순번	추측 표현	빈도	비율
1	-(으)ㄴ/는/(으)ㄹ것 같다	841	43.0%
2	-겠-	790	40.0%
3	-나/ㄴ/은가 보다	164	8.0%
4	-(으)ㄹ걸(요)	75	4.0%
5	-(으)ㄹ 것이다	51	3.0%
6	-나/ㄴ/는(으)ㄹ지(도)모르다	42	2.0%
7	-(으)ㄹ 듯하다	10	0.5%
8	-(으)ㄹ 모양이다	1	0.1%
9	-(으)ㄹ 듯싶다	0	0.0%
10	-(으)ㄴ가/는가/나 하다	0	0.0%
합 계		1,974	100.0%

구어에서의 사용 빈도를 살펴보면 '-(으)ㄴ/는/(으)ㄹ것 같다'가 43% 이상으로 가장 높은 빈도를 보이고 있으며 '-겠-'이 뒤를 이어 40%의 빈도를 나타내고 있다. 말뭉치 자료 분석에서 나타난 10개의 추측 표현 중에서 1% 이상의 빈도를 보인 상위 6개의 추측 표현을 본서 대상으로 선정하였다. 이러한 절차를 걸쳐서 최종적으로 선정된 추측 표현 항목은 6개로 다음 〈표 9〉와 같다.

〈표 9〉 본서의 추측 표현 연구 대상

순번	추측 표현
1	-(으)ㄴ/는/(으)ㄹ것 같다
2	-겠-
3	-나/ㄴ/은가 보다
4	-(으)ㄹ걸(요)
5	-(으)ㄹ 것이다
6	-나/ㄴ/는(으)ㄹ지(도)모르다

제3장

추측 표현의 특징 및 양상

한국어 추측 표현 교육 연구

01
한국어 추측 표현의 특징

1.1. 분석 기준

Larsen-Freeman(2003)은 '삼차원의 문법틀(three-dimensional grammar framework)'을 제시하고 있는데 '삼차원'에는 '형태(form)-의미(meaning)-화용(use)'의 3차원적 문법 교육 모형에 바탕을 두고 있다. 이를 살펴보면 다음 [그림 2]와 같다.

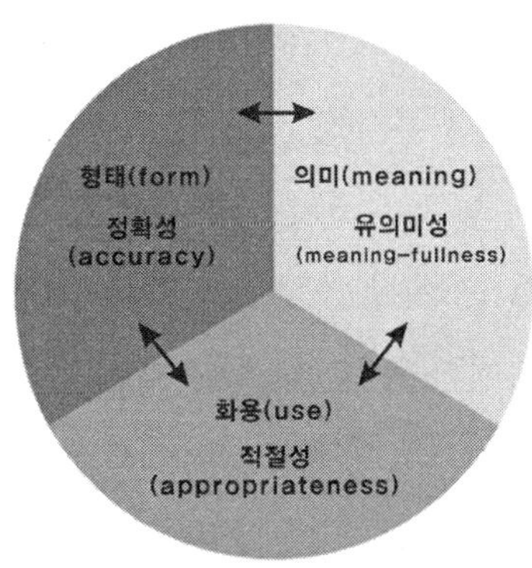

[그림 2] 삼차원의 문법 틀

Larsen-Freeman이 제시한 문법의 세 개 영역은 계층적으로 배열되어 있는 것이 아니라 동일한 층위에서 서로 연관성을 가지면서 하나의 문법 틀을 가진다. 즉, 형태와 의미 그리고 화용의 3차원적 양상의 상호작용을 통한 맥락 의존적 교육 방법으로, '하나의 표현 형태'에는 '일정한 문법적 형태+일정한 의미+특정한 사회적 담화의 사용 맥락' 등이 결합된다고 보는 관점이다. 이는 첫째, 문법 형식의 정확성, 둘째, 전달의미의 유의미성, 셋째, 사용 맥락에서의 적절성 등을 통한 언어 능력의 함양을 지향 목표로 설정한다. 즉, 문법 기반 기능 통합 교육과정의 관점에서 문법이란, '주어진 상황이나 맥락에서 의미를 전달하는 데 사용되는 언어 형식'이라는 3차원적 정의가 가능하며, 이는 '문법교육이 반드시 사용 장면의 맥락 속에서 언어 형식과 의미를 연계하는 것을 전제'해야 하는 점을 시사한다.

따라서 본 절에서는 Larsen-Freeman의 '3차원의 문법틀'을 기초로 앞 절에서 선정된 본서의 연구 대상 6개의 추측 표현 항목 '-(으)ㄴ/는/(으)ㄹ것 같다', '-겠-', '-나/ㄴ/은가 보다', '-(으)ㄹ걸(요)', '-(으)ㄹ 것이다', '-나/ㄴ/는/(으)ㄹ지(도) 모르다'의 특징을 '삼차원의 문법 틀'에 따라 형태·통사적, 의미적, 화용적 측면에서 살펴보겠다. 형태적 특징은 구성 특징에 따라 분류하였고, 통사적 특징은 추측 표현의 인칭과 용언, 문장 종결법을 중심으로 살펴볼 것이다. 또 의미적 특징은 '명제에 대한 확신의 정도'와 '추측 판단의 주관성 정도'라는 관점에서 살펴보고자 한다. 또한 화용적 특징은 추측 표현의 완곡어법 기능에서 살펴보도록 한다.

1.2. 형태·통사적 특징

본 절에서는 주어의 인칭과 용언 제약, 문장 종결법을 중심으로 추측 표현의 형태·통사적 특징을 분석해 보고자 한다.

1) {-(으)ㄴ/는/(으)ㄹ 것 같다}

'-(으)ㄴ/는/(으)ㄹ 것 같다'는 관형사 어미 '-(으)ㄴ/는/(으)ㄹ', 의존명사 '것', 형용사 '같다'가 결합한 복합구성이다. 의존명사 '것'의 복합 형식인 '-(으)ㄹ 것이다'와 다르게, 이 문형은 모든 관형사 어미와의 결합이 가능하다. 이것은 추측 의미의 자질이 관형사형 어미에서 실현되는 것이 아니라 형용사 '같다'에 의해 실현됨을 의미한다.[7]

이와 같은 논의들을 통해 '-(으)ㄴ/는/(으)ㄹ 것 같다'는 화자 자신의 경험이나 기억을 떠올리고 표현하는 것이기 때문에 화자 자신만이 알고 있는 상황이며 주관적인 추측 양태 표현에 속한 것으로 볼 수 있다.

---

7 '-것 같다'에서 '같다'에 대한 의미적 특성에 관한 연구 결과는 연구자마다 다르다. 차현실(1986)은 '같다'의 의미를 화자의 내적 직관이나 외적 상황이 작용하는 [±자발적]인 근거 특성을 들어 '명제 내용에 대한 화자의 주관적 판단'으로 파악하였다. 장경희(1992)는 '같다' 구문이 지닌 다양한 의미(가정·추측 비유)에는 '유사성'을 바탕으로 한 '비교'가 인식론적으로 내재되어 있다고 보았다.

① **인칭과 용언 결합의 제약**

'-(으)ㄴ/는/(으)ㄹ 것 같다'의 구성은 선행하는 용언과 시제에 따라 관형사형 어미의 형태가 달라진다. 이를 정리하면 다음 예문 (3)과 같다.

(3) a. 나는 내일 학교에 못 갈 것 같다.
    b. 너도 내일 학교에 와야 될 것 같다.
    c. 민정이는 오늘 좀 늦을 것 같다.
    d. 저 사람은 미국 사람인 것 같다.

'-(으)ㄴ/는/(으)ㄹ 것 같다'는 위 예문 (3)과 같이 1·2·3인칭 모두에 사용할 수 있으므로 인칭의 제약이 없다. 그리고 용언 제약도 없어 동사(가다, 되다), 형용사(늦다), 명사(사람) 등은 모두 제약 없이 결합이 가능하다.

② **문장 종결법 제약**

'-(으)ㄴ/는/(으)ㄹ 것 같다'는 명령문이나 청유문에는 쓸 수 없지만 평서문, 의문문, 감탄문에서는 자연스럽게 사용된다.

(4) a. 민정이가 미국에 들어간 것 같다.
    b. 민정이가 미국에 들어간 것 같니?
    c. 민정이가 미국에 들어간 것 같네!
    d.*민정이가 미국에 들어간 것 같자!

e.*민정이가 미국에 들어간 것 같아라!

e'. 더도 말고 덜도 말고 한가위만 같아라/같자!

'-(으)ㄴ/는/(으)ㄹ 것 같다'는 예문 (4a~c)에서 제시한 것처럼 평서문, 의문문, 감탄문에서는 제약이 없으나 명령문이나 청유문에서는 사용할 수 없다. 그러나 예문 (4d, e, e')에서처럼 '-(으)ㄴ/는/(으)ㄹ 것 같다'를 청유문이나 명령문에서 사용할 수는 있으나 이 경우는 추측의 의미가 사라지므로 추측 표현으로 볼 수 없다.

2) {-겠-}

선어말어미 '-겠-은 문맥에 따라 아래 예문 (5)와 같이 다양한 의미를 가진다.

(5) a. 나는 내일 학교에 가겠다. (의지)

b. 비가 와서 내일은 더 춥겠다. (추측)

c. 이러다가 우리 정말 늦겠다. (가까운 미래)

d. 이 바지에 세 사람도 들어가겠다. (가능성)

e. 저 좀 도와주시겠어요? (상대방의 의향)

(5a)는 화자가 무엇을 한다거나 할 것이라는 의도나 의지를 나타내는 것이다. (5b)는 화자가 당시의 상황이나 상태를 보고 그 단서를 통해 추측하는 것으로 화자가 '비가 와서 내일은 더 추울 것'이라는

상황을 추측하는 것이다. (5c)는 곧 어떠한 일이 일어날 것임을 나타내는데, 이때 미래의 일은 확실한 상황이거나 확실히 일어날 것이라고 믿을 만한 상황을 말한다. (5d)는 바지가 세 사람이 들어갈 정도로 크다는 가능성의 의미를 말하고, (5e)는 의문형 형식에 결합하여 상대방의 의향을 물어볼 때 쓴다. 특히 상대방의 의향을 물어보면서도 어떤 일을 부탁하거나 요청하는 의미도 가진다.

(6) a. 잘 알겠습니다. (우회적)
b. 처음 뵙겠습니다. (관용적)

또한 선어말어미 '-겠-'은 (6a)처럼 일부 동사에 붙어 그러한 상황이나 상태에 이를 것 같다는 화자의 생각을 부드럽게 또는 우회적으로 말할 때 쓴다. (6b)와 같이 그 상황에 따라 관용적으로 '-겠-'이 많이 쓰임을 알 수 있다.

① 인칭과 용언 결합의 제약

'-겠-'은 의지, 추측, 가능의 의미를 나타낼 수 있는데, 인칭과 용언의 결합에 따라 그 의미가 달라진다.

(7) a. 이번 일은 제가 책임지고 하겠습니다.
b. 이거 다 먹을 수 있겠어?
c. 내가 이 옷을 입으면 예쁘겠다.
d. 그는 공부를 정말 열심히 했겠다.

'-겠-'은 1·2·3인칭에 관계없이 추측의 의미 가능을 하나, (7a)처럼 평서문에서 1인칭 주어와 공기하면 의지의 의미를 나타내며, (7b)와 같이 의문문에서 '-겠-'은 가능성을 추측하는 의미를 갖는다. 단, (7c)처럼 형용사와 함께 쓰이면 주어가 1인칭일지라도 추측의 의미를 나타낸다. 그러나 (7d)와 같이 서술어가 동사이더라도 주어가 3인칭일 경우에는 그 사람의 의지를 화자가 판단할 수 없기 때문에 추측의 의미로만 나타난다.

이와 같이 '-겠-'의 특징은 형용사와 결합할 경우 1·2·3인칭 관계없이 모두 추측의 의미를 나타내고, 평서문에서 1인칭 주어와 공기하고 동사와 결합하는 경우와 의문문에서 2인칭 주어와 공기하면서 동사와 결합할 경우에는 의지의 기능이 나타내며, 3인칭 주어에서는 타인의 의지를 판단할 수 없으므로 인칭과 용언의 종류에 관계없이 추측의 의미 기능만 가진다.

② 문장 종결법 제약

'-겠-' 역시 '-(으)ㄴ/는/(으)ㄹ 것 같다'와 동일하게, 청유문이나 명령문에서 쓸 수 없지만 평서문, 의문문, 감탄문에서는 자연스럽게 사용된다. '-겠-'의 문장 종결법 제약을 살펴보면 다음 예문 (8)과 같다.

(8) a. 민정이가 학교에 가겠다.

b. 민정이가 학교에 가겠니?

c. 민정이가 학교에 가겠네!

d.*민정이가 학교에 가겠자.

e.*민정이가 학교에 가겠라.

'-겠-'은 예문 (8a), (8b), (8c)처럼 평서문, 의문문, 감탄문에서 제약 없이 쓸 수 있는데, 예문 (8d), (8e)와 같은 청유문과 명령문에서는 사용 할 수 없다.

3) {-나/ㄴ/은가 보다}

추측 표현 항목 '-나/ㄴ/은가 보다'는 의문을 나타내는 의문형 종결의미 '-나/ㄴ/은가'와 동사 '보다'[8]가 결합한 형태로, 어떤 사실이나 상황을 미루어 짐작하는 추측의 의미를 나타내는 표현이다.[9]

① 인칭과 용언 결합의 제약

'-나/ㄴ/은가 보다'의 인칭과 용언에 대한 제약을 살펴보면 아래 예문 (9)와 예문 (10)과 같다.

---

8 차현실(1986:17)은 '보다'의 의미를 명제 사실에 대한 화자의 판단으로 보고 있다. 이때의 불확실성은 화자가 명제 내용을 직접 경험하지 않았거나 확인하지 못한 데서 연유한다고 했다.

9 한영목(2002:178)은 '-나/ㄴ/은가 보다' 구문은 충남 방언의 종결형에서 '벼'로 융합된다고 하였다. '-벼'는 화자의 미확인 명제에 대한 추리와 인식 또는 감각을 통한 주관적 앎을 전제로 추정하거나, 확인 명제에 대한 앎을 듣는 이에게 간접적 질문 형식을 빌어 추정한 것처럼 질문을 통해 확인하여 정보를 공유하려는 양태적 기능을 한다고 하였다. 또한 정유남(2006)은 의문형 어미는 청자에 대한 의향을 묻는 것으로, 화자의 태도는 [-확실성]인 미정의 의미를 나타낸다. 이러한 의문형 어미에 보조용언 '보다'가 결합되어 '추측'으로 해석되는데, 이때의 보조용언 '보다'는 지각동사로 화자가 경험한 사실에 대한 양태적 의미 기능을 갖는다고 하였다.

(9) a. 옷이 젖은 것을 보니 밖에 비가 오나 보다.

b. 이렇게 매일 생각나는걸 보니, 내가 사랑에 빠졌나 보다.

c. 네가 이렇게 어려운 수학 문제를 푼 것을 보니 천잰가 보다.

d. 선생님 지금 집에 안 계신가/시나 봐요.

'-나/ㄴ/은가 보다'는 예문 (9a)는 어떤 사실이나 상황으로 통해 그럴 것이라고 짐작하는 경우에 사용된 경우이며, (9b), (9c), (9d)처럼 1·2·3인칭에서 모두 제약 없이 추측의 의미를 나타낸다. 용언 결합에 대한 제약 또한 없다.

(10) a. 시험 문제가 어렵나 보다.

b.*나는 시험 문제가 어렵나 보다.

c.*나는 집에 없는가 보다.

그러나 예문 (10)처럼 '-나/ㄴ/은가 보다'는 주변 상황으로 미루어 그럴 것이라고 짐작하는 경우에 사용하므로 판단의 근거가 없거나 화자 자신의 내적 상태에 대해서는 잘 쓰지 않는다. 또 화자가 직접 경험한 사실에 대해서는 확신이나 자신감 없이 말하는 경우라도 사용하지 않는 특징이 있다.[10]

---

10 '-는 것 같다'는 말하는 사람이 직접 경험한 사실에 대해서 확신 없이 이야기 할 때도 사용하나 '-나 보다'는 자신이 직접 경험한 사실에 대해서는 사용할 수 없고, 간접 경험이나 단서(객관적 근거)를 가지고 추측하는 경우에 사용한다.

② 문장 종결법 제약

'-나/ㄴ/은가 보다'는 평서문과 감탄문에서는 자연스럽게 사용될 수 있으나, 의문문이나 명령문, 청유문에서는 추측의 의미로 사용할 수 없다.

(11) a. 지금 집에 아무도 없나 보다.
b. 지금 집에 아무도 없나 보네!
c.*지금 집에 아무도 없나 보니/냐/나?
d. 지금 집에 아무도 없나 봐라.
e. 지금 집에 아무도 없나보자.

'-나/ㄴ/은가 보다'는 평서문, 감탄문에서는 (11a), (11b)처럼 제약이 없지만 (11c)와 같이 의문형 종결어미에서는 부자연스럽다. 따라서 본서에서는 '-나/ㄴ/은가 보다'가 의문문 제약이 있는 것으로 본다. 명령문(11d)와 청유문 (11e)는 비문은 아니지만 '-나/ㄴ/은가 보다'의 추측 의미를 상실했으므로 추측 표현으로서의 제약성이 있다. '-나/ㄴ/은가 보다'의 '보다'가 보조 형용사인 것 또한 명령문과 청유문에 제약이 있음을 뒷받침한다.

4) {-(으)ㄹ걸(요)}

'-(으)ㄹ걸(요)'는 용언 뒤에 붙는 종결어미로 어떤 사실에 대한 추측이나 이미 완료된 일에 대해 후회나 아쉬움의 의미를 나타내는 표현이다.

① 인칭과 용언 결합의 제약

'-(으)ㄹ걸(요)'는 추측의 의미와 후회의 의미로 나타나는데, 추측의 의미로 사용 할 때, 그 인칭과 용언의 결합에 대한 제약을 살펴보면 아래와 같다.

(12) a. 민정이는 지금 집에 없을걸.
b. 민정이는 벌써 갔을걸.
c. 나도 같이 갈걸(↘).
d. 내가 더 열심히 할걸(↘).

예문 (12a)는 확실하지는 않지만 민정이가 집에 없다는 것을 추측하는 의미이며, (12b) 또한 민정이가 벌써 갔을 것이라는 의미로 해석된다. 이와 같이 '-(으)ㄹ걸'의 의미는 화자가 확실하지는 않지만 그럴 거라는 믿음이 있는 막연한 추측의 의미를 지닌다. 예문(12c), (12d)처럼 1인칭과 결합 하면서 억양이 내려가면(↘) 후회의 의미를 나타낸다.

② 문장 종결법 제약

'-(으)ㄹ걸(요)'는 추측의 의미로 나타날 때 평서문에서만 사용하며 감탄문, 명령문, 청유문, 의문문에는 사용할 수 없다.

(13) a. 민정이는 나를 좋아<u>할걸</u>.(↗)
b.*민정이는 나를 좋아<u>할걸네</u>.
c.*민정이는 나를 좋아<u>할걸라</u>.
d.*민정이는 나를 좋아<u>할걸자</u>.
e.*민정이는 나를 좋아<u>할걸니</u>?

'-(으)ㄹ걸'은 (13a)와 같이 평서문에서 쓸 수 있는데, 뒤 억양을 올려 추측의 의미를 나타낸다. 그러나 '-(으)ㄹ걸'은 (13b), (13c), (13d), (13e)와 같이 감탄문, 명령문, 청유문, 의문문에는 사용할 수 없다.

5) {-(으)ㄹ 것이다}

'-(으)ㄹ 것이다'[11]는 관형사형 어미에 의존명사 '것'[12]에 '이다'가 결합한 것으로 명제의 실현 가능성에 대하여 단정적인 추측의 의미를 나타낸다. '-(으)ㄹ 것이다'의 의미 기능은 문맥에 따라 추측의 의미뿐만 아니라 의지의 의미도 나타낸다. 이렇게 '-(으)ㄹ 것이다'는 추측과 의지의 의미를 모두 가지고 있어 한국어 학습자들이 혼동할 수 있다. '-(으)ㄹ 것이다'의 통사적 특성은 다음과 같다.

---

11 안효경(2001:93)은 '-(으)ㄹ 것이다'의 의존명사 '것'은 지정 할 수 있는 대상에 거의 제약이 없어 구체적 대상은 물론 추상적인 일까지 모두 가리킨다고 하였다.

12 '것'은 분포에 제약이 있는 다른 의존명사와 달리 '-(으)ㄴ/는/(으)ㄹ/던'과 결합하여 시제의 모습으로 쓰일 수 있고, 뒤에 오는 조사에도 제약 없이 자유롭게 쓰이는 특징이 있다.

① 인칭과 용언 결합의 제약

'-(으)ㄹ 것이다'는 추측의 의미와 의지의 의미를 나타낼 수 있는데, 인칭과 용언의 결합에 따라 그 의미가 달라진다.

(14) a. (나/너/민정)은 내일 바쁠 거야.

b. 그 일은 나중에 하는 게 좋을 거야.

c. 가: 교수님 오늘 학교에 오실까요?

나: 네, 오늘 교수님 나오실 거예요.

'-(으)ㄹ 것이다'는 인칭과 동사의 결합에 따라 추측과 의지의 의미를 나타낸다. '-(으)ㄹ 것이다'가 형용사와 결합할 경우 1·2·3인칭 관계없이 예문(14)와 같이 모두 추측의 의미를 갖는다.

(15) 나는 내일 7시에 학교에 갈 것이다.

그러나 '-(으)ㄹ 것이다'는 (15)처럼 동사와 결합할 때는 주어가 1인칭 일 경우에는 의지의 의미를 갖는다.

(16) a. 나는 내일 학교에 갈 것이다.

b. 너 내일 학교에 갈 거지?

c. 김 선생님은 내일 학교에 가실 거예요.

예문 (16)은 '-(으)ㄹ 것이다'가 1·2인칭 주어와 결합하고 동사와 결합할 때 추측과 의지의 의미를 함께 나타나는 경우이다. (16a)는 '내일 나는 학교에 갈 것 같다'라는 미확정적인 추측 의미도 있고, 화자가 '내일 학교에 가겠다'라는 화자의 의지도 나타낼 수 있다. (16b)도 추측 의미뿐만 아니라 의지의 의미도 가진다. 그러나 3인칭에서는 (16c)와 같이 동사의 종류와 관계없이 추측의 의미만 갖는다.

(17) a. 나는 10시까지 <u>도착할 거야</u>.

b. 나는 <u>아마</u> 10시까지 <u>도착할 거야</u>.

c. 나는 10시까지 꼭 <u>도착할 거야</u>.

예문 (17)과 같이 '-(으)ㄹ 것이다'가 1·2인칭 주어와 공기하고 동사와 결합할 경우는 (17a)와 같이 추측과 의지의 의미를 모두 가진다. 이때 사태 실현 가능성을 낮추는 양태 부사 '아마, 글쎄' 등과 함께 쓰이면 1인칭 주어와 공기하였음에도 불구하고 (17b)처럼 추측의 의미만을 갖고, 가능성을 높이는 양태 부사 '꼭, 반드시, 분명히' 등과 함께 쓰이면 (17c)처럼 의지의 의미를 나타낸다.

앞서 살펴본 '-겠-'은 '-(으)ㄹ 것이다'와 마찬가지로 추측이나 짐작, 의지나 의도의 의미를 가지는데 추측이나 짐작의 의미를 나타내는 경우 '-(으)ㄹ 것이다'와 판단 근거에 차이가 나타난다. 선어말어미 '-겠-'과 '-(으)ㄹ 것이다'의 추측 판단 근거에 대한 연구들을 살펴보면 다음과 같다.

신창순(1972)은 '-겠-'은 객관적 근거가 필요하고, '-(으)ㄹ 것이다'는 객관적인 근거가 필요하지 않음을 나타낸 것으로 보았다. 반면, 이기용(1977)은 '-겠-'은 어떤 상황 또는 사건의 가능성을 알고 있음을 뜻하고, '-ㄹ 것'은 그 가능성을 믿고 있음을 뜻한다고 하였다. '-겠-'은 사실 여부 또는 실현 가능성에 대한 객관적 증거가 있어야 하며, '-ㄹ 것'은 객관적 증거가 필요 없다고 하였다. 성기철(1976)은 '-겠-'은 현장에서의 자료에 근거한 추정이고, '-을 것이-'는 그 이전의 경험 자료에 근거한 추정이라고 하였다.

박덕유(1998)는 '-겠-'과 '-(으)ㄹ 것이다'에 대한 학자마다 다른 차이적 의미를 제시하고, 이는 상황에 따라 달리 나타나기 때문에 이 둘의 의미 차이를 정확하게 정리하기는 어려울 것이라고 했다. 이에 대해 성기철(2007)은 '-겠-'과 '-(으)ㄹ 것이다'의 차이를 판단 근거에 따라 구분하지 않고 추측의 차이를 시간상의 차이에 따라 변별하였다. '-겠-'은 경험으로, 즉, 현재의 경험을 판단의 근거로 두고 있으며 '-(으)ㄹ 것이다'는 과거의 경험에 근거를 둔다고 하였다. 여기서 '현재'는 비록 시간상으로 과거일지라도 가까운 과거여서 화자가 현재로 파악하게 될 경우도 포함하며, '경험'은 자신이 직접 체험한 것은 물론 자기가 알고 있는 모든 지식을 총칭한 말이다. 상황을 가정해 그 차이를 살펴보면 다음 예문 (18)과 같이 볼 수 있다.

(18) a. 비가 오겠어./비가 올 거야.

b. 내일 비가 오겠어./내일 비가 올 거야.

c. 오후에 비가 올 거야.

d. 오후에 비가 오겠다.

예문 (18a)는 '지금 날씨는 맑으나 어제 일기 예보에서는 오늘 비가 온다'고 했다는 경우를 예로 들 수 있다. 이때 일기예보 외에 날씨를 추측하는 다른 근거는 없다고 하면 과거의 경험에 근거를 둔 '비가 올거야'는 적합한 표현이나 현재의 경험을 판단 근거로 둔 '비가 오겠어'는 부적합하다. 그러나 하루 전 일기예보를 할 때의 말이라면 (18b) 모두 가능하다. 이때의 추측 판단의 근거가 방금 들은 일기예보뿐이기 때문이다. 또한 '-(으)ㄹ 것이다'에 의한 추측은 타인이나 일반적인 사례에 근거하여 추측하는 경우에 쓰이는 반면 '-겠-'은 판단 주체인 화자 자신의 주관적인 판단에 근거하여 추측할 때 주로 쓰인다고 본다. 예문 (18c)는 객관적인 정보인 일기예보 근거로 하는 말일 수 있지만 (18d)는 흐린 하늘을 보고 화자가 주관적으로 판단하여 말하는 경우이다.[13]

② 문장 종결법 제약

'-(으)ㄹ 것이다'는 평서문에서는 제약이 없으나, 감탄문, 의문문, 명령문, 청유문에는 적절하지 않다.

(19) a. 민정이는 중국에 들어갈 <u>것이다</u>.

b. 민정이가 중국에 들어갈 <u>것이구나</u>.

---

13 '-겠-'과 '-(으)ㄹ 것이다'의 판단 근거에 따라 의미 차이

구분	'-(으)ㄹ 것이다'	'-겠-'
공통점	추측, 짐작, 의지, 의도 등	추측, 짐작, 의도 등
판단 근거	화자의 주관적 근거	객관적 근거

c. 민정이는 중국에 들어갈 거니?

d.*민정이 중국에 들어갈 것라.

e.*민정이 중국에 들어갈 것자.

'-(으)ㄹ 것이다'는 예문 (19a)처럼 평서문에서는 제약이 없이 자연스럽게 사용할 수 있다. 그러나 예문 (19b)와 (19c) 같은 감탄문이나 의문문에서는 비문은 아니나 추측의 의미가 없다. 예문 (19d~e)에서 볼 수 있듯이 명령문, 청유문에서는 적절하지 않다.

6) {-(으)ㄹ지(도) 모르다}

'-(으)ㄹ지(도) 모르다'는 어미 '-(으)ㄹ지'와 동사 '모르다'가 결합한 형태로 추측의 의미를 나타낸다. '-(으)ㄹ지(도) 모르다'는 '모르다'의 '알지 못하다'라는 의미가 확장되어 어떠한 상황이나 사태에 대하여 불확실한 태도를 나타낸다. 예문 (20)은 '내가 필요한 자료가 도서관에 있을 것이다'라는 추측의 의미이나, 이와 반대의 사태인 내가 필요한 자료가 도서관에 없을 가능성을 배제하지 못한다. 이와 같이 '-(으)ㄹ지(도) 모르다'는 확실성이 낮아 항상 반대 상황이나 사태에 대한 가능성도 염두하는 상황에서 사용한다.

(20) 내가 필요한 자료가 도서관에 있을지(도) 모른다.

① 인칭과 용언 결합의 제약

'-(으)ㄹ지(도) 모르다'는 인칭과 시제의 결합 방법에 따른 제약은 존재하지 않는다. '-(으)ㄹ지(도) 모르다'는 용언 결합의 제약 또한 없다.

(21) a. (내/네/그)가 미국에 가지 않았으면 그녀와 결혼했었을지도 몰라.
　　b. (내/네/그)가 그때 한국에 안 왔으면, 지금 영국에 있을지도 몰라.
　　c. (내/네/그)가 내년엔 영국에 갈지도 몰라.

'-(으)ㄹ지(도) 모르다'는 예문 (21)과 같이 인칭과 시제에 관한 제약은 존재하지 않는다. '-(으)ㄹ지(도) 모르다'는 용언 결합 제약 또한 없다.

(22) a. 무슨 말을 해야 할지 모르겠다.
　　b. 내가 어떻게 해야 할지 모르겠다.
　　c. 무엇을 도와드려야 할지 모르겠다.

또한 '-(으)ㄹ지(도) 모르다'는 의문대명사와 공기하면 (22)처럼 추측의 의미 기능이 사라지고 본용언 '모르다'의 의미 가능을 하게 된다.

② 문장 종결법 제약

추측 표현 '-(으)ㄹ지(도) 모르다'의 문장 종결법 제약을 살펴보면 다음 예문 (23)과 같다.

(23) a. 민정이는 집에 있을지도 모른다.
b.*민정이는 집에 있을지 모르니/냐?.
c.*민정이 집에 있을지 모라라.
d.*민정이 집에 있을지 모른자.
e. 민정이가 집에 있을지도 모르겠네.

'-(으)ㄹ지(도) 모르다'는 평서문에서는 자연스러워 제약이 없으나 의문문, 명령문, 청유문에는 제약이 있다. 감탄문에서는 선어말어미 '-겠-'과 연결하면 자연스럽게 사용할 수 있다.

1.3. 의미적 특징

1.3.1. 판단 근거

본 항에서는 판단의 근거에 따른 추측 표현의 특징을 살펴보고자 한다. 우선 유사한 판단의 근거를 바탕으로 하는 추측 표현을 함께 고찰함으로써 그 안에서 인과적 특성이나 객관성 및 주관성에 따라 각 추측 표현의 미세한 차이를 살펴보려고 한다.

1) 직접적 정보

화자의 명제 내용에 대한 판단 근거가 직접적 정보일 때, 추측 표현의 판단 방법과 확신의 정도가 어떻게 달라지는지 살펴보고자 한다.

(24) a. (하늘이 흐린 것을 보고) 곧 비가 {오겠다/오려나 보다/올 것 같아.}
b. (하늘이 흐린 것을 보고) 곧 비가 {올거야/올걸?}
c. (하늘이 흐린 것을 보고) 곧 비가 {올지 몰라.}

위 예문 (24)는 화자가 직접 '하늘을 보니까 하늘에 먹구름이 끼었다'는 등의 정보를 가지고 곧 비가 온다는 것을 추측하고 있다. (24a)에서 화자는 '하늘이 흐린 것을 보고' 발화하였기 때문에 직접적 정보를 가지고 '하늘이 흐리면 비가 온다'라고 즉각적인 판단을 하였다. 즉, 직접적 정보 중에서 특히 시각적 정보인 경우에는 확신성의 정도가 강하며, 직접 확인한 정보를 가지고 즉각적인 판단을 하게 된다. 따라서 '-겠-'과 '-(으)ㄴ가/나 보다'가 자연스럽게 어울려 확실성이 높은 명제에 대한 화자의 판단을 나타낼 수 있다. 또한 무표적 자질을 가진 '-(으)/는/(으)ㄹ 것 같다'는 상대적으로 명제에 대해 확신이 낮고, 짐작을 할 경우에 사용한다. 반면 (24b)의 예문은 직접적 정보를 즉각적으로 판단하는 느낌보다는 내적 추론의 과정을 거치게 된다. 즉, 화자는 '하늘이 흐리다'라는 정보뿐만 아니라 날씨와 관련하여 다른 내재된 정보를 가지고 있는 상태에서 내적 추론의 과정을 거쳐서 추론을 하거나 짐작을 하게 된다. 또 (24c)는 확신의 정도가 강한 시각적 정보를 근거로 추측하는 위와 같은 상황에서는 어색한 발화이다. '-(으)ㄹ지도 모르다'는 반대의 상황을 가정하고 있는 가능성 추측이기 때문이다.

정리하면, 직접적 정보를 가지고 즉각적인 판단을 하는 경우 '-겠-', '-(으)ㄴ가/나 보다'를 사용하여 추측을 표현하는 것이 가장 자연스럽다. 또한 화자가 자신이 경험한 직접적 정보에도 불구하고 강한 확인을 가질 수 없는 경우에는 '-(으)/는/(으)ㄹ 것 같다'와 결합해서 사용할 수도 있다.

2) 간접적 정보

화자의 명제 내용에 대한 판단 근거가 간접적 정보 일 때, 추측 표현의 판단 방법과 확신의 정도가 어떻게 달라지는지 살펴보고자 한다.

(25) a. 경찰이 제공한 정보를 종합해 보면, 범인은 현재 도망 중{일 거야 /이겠다}.

b. 경찰이 제공한 정보를 종합해 보면, 범인은 현재 도망 중{일 것 같다/일걸/일지 몰라}.

예문 (25)를 분석해보면, 화자가 다른 사람으로부터 얻은 정보를 발화 근거로 하여, '범인이 도망 중이다'라는 가정을 하고 있다. 간접적 정보를 근거로 추론을 하기 때문에 내적 추론의 과정을 거치는 것인지, 그럴 것이라고 짐작을 하는 것인지에 따라 확신의 정도가 달라진다. (25a)에서 '-(으)ㄹ 것이다'를 사용하면 내적 추론의 과정을 거쳐 확신의 정도가 높아지고, '-겠-'을 사용하면 그럴 것이라고 짐작하는 것이지만 다른 표현에 비해서 확신의 정도가 높다. 또한 (25b)를 보면'-(으)/는/(으)ㄹ 것 같다', '-(으)ㄹ걸', '-(으)ㄹ지(도) 모르다'는 범인이 도망 중일 것이라고 단순히 짐작하지만 '-(으)ㄹ걸', '-(으)ㄹ지(도) 모르다'는 다른 상황을 가정하기 때문에 가능성 짐작을 한다. 따라서 간접적 정보를 근거로 추측을 할 경우, 판단의 방법에 따라 확신의 정도가 달라짐을 알 수 있다.

3) 내재적 정보

화자의 명제 내용에 대한 판단 근거가 내재적 정보일 때, 추측 표현의 판단 방식과 확신의 정도가 어떻게 달라지는지 살펴보고자 한다.

(26) 작년에 신입사원 몇 명 안 뽑았던 것 같아. 올해도 몇 명 안 뽑{을 거야/겠다/을 것 같아/을걸/을지 몰라}.

내재적 정보는 판단의 근거와 달리 화자의 내부에 있는 고유한 정보로서, 판단의 방식에 따라 확신의 정도가 달라진다. 예문 (26)은 화자가 내재된 기억 정보에 의해 '올해도 몇 명 안 뽑는다'라는 가정적 상황을 추측하고 있다. 간접적 정보와 마찬가지로 '-(으)ㄹ 것이다'를 사용하면 내적 추론의 과정을 거쳐 확신의 정도가 높아지고, '-겠

-'을 사용하면 그럴 것이라고 짐작은 하지만 다른 표현에 비해서 확신의 정도가 높다. 또 '-(으)/는/(으)ㄹ 것 같다', '-(으)ㄹ걸', '-(으)ㄹ지(도) 모르다'는 다른 상황을 가정하기 때문에 확신의 정도가 낮은 가능성 짐작을 하고 있다.

이상의 논의를 종합하면, 이기종(2001)이 언급한 바와 같이 시간의 흐름에 따라 상황이 확실해지는 경우 쓰임이 어떻게 차이가 나는지 확인할 수 있다.

(27) 오늘 경기 어느 팀이 이길까?

a. (경기 시작 전) 글쎄, A팀이 이{길 것 같아/ 길지도 몰라}.

b. (전반전이 끝나고)이대로라면 A팀이 이{길 것 같아/길걸}.

c. (경기가 거의 끝날 무렵) 예상대로 A팀이 이{길 것 같아/기겠다}.

예문 (27)은 시간의 흐름에 따라 상황이 확실해지므로 (27a)에서 (27c)로 갈수록 확신의 정도가 강해진다. 이때, '-(으)/는/(으)ㄹ 것 같다'의 경우 무표적인 자질로 인해 '추론된 확실성, 개연성, 가능성'의 상황에 두루 쓰일 수 있으나, '-겠-', '-(으)ㄹ 것이다', '-(으)ㄹ걸', '-(으)ㄹ지(도) 모르다'는 각기 그 분포가 다르다.

먼저 (27a)는 막연하게 예측하는 것으로, 내재적 정보인 화자의 느낌이나 배경 지식 등을 근거로 하며, 반대 상황의 가능성을 가정할 때는 '-(으)ㄹ지(도) 모르다'를 사용하여 불확실한 판단을 할 수 있다. (27b)는 지금까지의 경기 점수를 바탕으로 50% 이상의 확신을 가지고, '이대로 지속한다면 A팀이 이긴다'라고 단순하게 짐작을 할 수 있다. (27c)는 경기가 거의 끝날 무렵이기 때문에 변화의 가능성이 없는 상황에서 거의 확신에 가까운 판단을 할 수 있다. 이때, '-(으)ㄹ 것이다'를 사용하면 내적 추론의 과정을 거친 판단으로 거의 단정에 가까운 확신의 정도를 나타낼 수 있으며, '-겠-'을 사용하면 현장의 지각 정보를 바탕으로 확신의 높은 짐작을 하게 된다. 이상의 논의를 종합하여, 각 추측 표현들의 의미 자질을 정리하면 다음 〈표 10〉과 같다.

〈표 10〉 추측 표현의 판단 근거 및 특성

추측 표현	판단 근거	특성
-겠-	직접적 정보(발화 현장의 지각정보)	발화 현장의 지각 정보를 바탕으로 한 결과 추측
-나/는가 보다	직접적 정보	명확한 근거를 바탕으로 객관적인 추측이다. 화자의 내적 경험을 기술하지 못한다.
-(으)ㄹ 것이다	간접적 정보 내재적 정보	과거의 직접·간접 경험에 기대어 한 논리적인 추측이다. 조건 상황, 가정 상황, 논리적인 논의 전개 상황에서 적절하다.
-(으)ㄹ 것 같다	적접적 정보 간접적 정보 내재적 정보	사용상의 제약이 적어서 매우 생산적으로 사용된다, 화자의 내적 경험을 기술하는데도 사용된다.
-(으)ㄹ 걸	내재적 정보	막연한 추측
-(으)ㄹ지 모르다	내재적 정보	반대 사태에 대한 가능성을 전제로 한 추측이다. 근거가 확실한 상황에서는 어색하다. 가정 상황에서 자연스럽게 사용된다.

1.3.2. 확신의 정도

확신의 정도에 따른 추측 표현들의 의미차이에 대한 논의는 이미 많은 학자들이 연구해 왔다. 양태는 명제에 대한 화자의 심리적 태도라고 정의하였다. 본서에서는 화자의 심리적 태도의 관점에서 화자가 명제 내용에 대하여 어느 정도의 확실성을 갖고 있는지에 따라 양태 표현을 분류하였다. 명제 내용에 대한 확실성은 그 정도가 낮은 경우도 있고 높은 경우도 있다. 그 정도의 차이가 명확하지 않아 분류에 어려움이 따르지만 보편적으로 일관된 합의가 존재한다. 따라서 본 항에서는 한국어 추측 표현 항목들의 확실성의 정도에 따른 분류를 살펴보고자 한다.

추측 표현 중에서 가장 확실성이 높은 것은{-겠-}과 {-(으)ㄹ 것이다}이며, {-(으)ㄹ 것이다}는 변하지 않는 사실과 같이 확실성이 강한 상황에서 사용 가능하므로 다른 표현들에 비해 그 확실성이 강하다고 할 수 있다. 국어 연구에서는 이 두 표현 간의 확실성에 대한 논의가 활발하게 이루어졌으며, {-겠-}을 더 확실한 표현으로 보는 견해와 {-(으)ㄹ 것이다}를 더 확실한 표현으로 보는 상반된 견해가 모두 있었다. 본서에서 추측 표현의 확신의 정도를 예문을 통해서 비교하면 다음과 같다.

(28) 부인 : 북쪽에 계신 어머니 못 뵌 지가 너무 오래 됐네요.
남편 : a. 올해 예순이시니까 어쩌면 돌아가셨을지도 몰라.
b. 올해 칠순이시니까 아마 돌아 가셨을걸.

c. 올해 팔순이시니까 거의 돌아 가셨을 것 같다.

d. 올해 아흔이시니까 아~ 돌아 가셨나봐.(반반적 표현)

e. 올해 나이로 백살이시니까 돌아가셨겠지.

f. 올해 나이로 백살이 넘으셨으니까 분명히 돌아 가셨을 거야.

예문 (28)은 본서에서 연구대상으로 삼은 6가지 추측 표현의 확신의 정도에 따른 분류를 명확하게 보여준다. 확실성의 정도에 따른 각 표현의 분류를 정리하면 다음 [그림 3]과 같다.

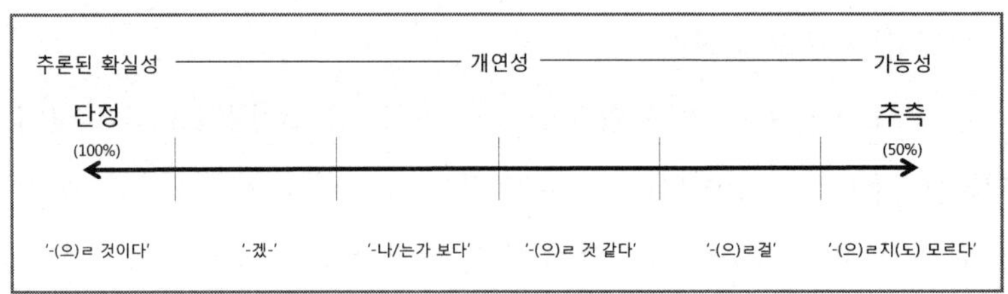

[그림 3] 추측 표현의 확신의 정도

1.4. 화용적 특징

완곡어법은 원어로는 euphemism, 즉, '좋은 징후의 말 사용'이라는 의미에서 유래되었다. 완곡어법은 표현하고자 하는 내용의 부정적인 속성을 발화하거나 제시할 때 그 부담을 줄이기 위한 것이다.

김미형(2000:38)은 완곡어법은 어휘 자체를 완곡하게 사용하기도

하고, 피동 표현, 의문형, 추측 표현, 비유적 표현 등 문장 차원에서 사용되기도 한다고 하였다. 이렇게 완곡어법은 어떤 형식이 언어를 썼든 화자의 표현 의도가 말을 듣기 좋게 하려는 화자의 의도가 있다고 언급하였다. 즉 실제로 담화 상황에서 의사소통의 목적은 단순한 정보 전달에 국한되는 것이 아니라 담화 참여자들 간의 상호 관계를 증진시키는 데에 큰 목적이 있다는 것이다.

추측 표현 항목은 완곡법으로 쓰일 수 있으나 모든 담화 상황에서 완곡법의 기능을 실현하는 것은 아니다. 우선 완곡법의 실현은 둘 이상의 담화 참여자가 존재하여야 하고, 이때 화자와 청자는 필수적인 담화 참여자이다. 또한 명확한 정보의 제공이 필요한 상황이나, 상대방을 지지하거나 칭찬하는 등 상대방에게 적극적으로 이익이 되는 상황에서는 사용하지 않는다. 주로 사태에 대한 평가가 포함될 때, 혹은 상대방의 발화 내용에 대하여 반대하거나 요청을 거절하거나 또는 이의를 제기하는 상황에서 많이 사용된다. 이것은 화자가 청자에 대하여 단정적인 표현을 사용하지 않고, 추측 표현을 사용함으로써 청자가 느끼게 되는 심리적인 부담을 줄여주고 완곡하게 표현함으로써 '공손함'을 나타내게 된다. 그러나 모든 추측 표현 항목이 완곡법의 기능을 활발하게 수행하는 것은 아니다. 여기서는 본서의 연구 대상 중 '-(으)/는/(으)ㄹ 것 같다'와 '-(으)ㄹ지(도) 모르다'의 화용적 완곡법의 실현을 중심적으로 살펴보도록 하겠다. 그 이유를 기술하면 아래와 같다.

완곡어법은 주로 사태에 대한 평가를 하거나 자신의 주관적 의견을 표현하는 상황에 쓰이는데, '-나/는가 보다'는 화자 자신을 판단의 영역에 포함하지 않는 추측 표현 항목이므로 화자 자신의 주관적 판단이 강하게 들어가는 의견 제시의 맥락에서는 어울리지 않는다.[14] 확신의 정도가 가장 높은 '-(으)ㄹ 것이다'와 확신의 정도가 상대적으로 높은 추측 표현 '-겠-'은 추측보다 단정에 가까운 표현이다. 단정적으로 말하는 것은 공손한 표현이 되지 못한다. 공손하게 표현해야 하는 상황에서는 화자의 단정을 피하고 불확실하게 표현함으로써 청자에 대한 공손함을 표현할 수 있기 때문이다. 또한 한국어 추측 표현 '-(으)ㄹ걸'의 특징 중의 하나가 사회적 거리감이 있는 사람에게는 잘 쓰지 않는다는 것이다. 따라서 '-(으)ㄹ걸'은 완곡법 기능을 실현하지 않는다.

정리하면 본서의 연구대상 추측 표현 항목 중 '-(으)ㄹ 것이다', '-겠-', '-나/는가 보다', '-(으)ㄹ걸(요)'는 거의 완곡어법의 기능을 실현하지 못한다. 이들에 비해 '-(으)/는/(으)ㄹ 것 같다'와 '-(으)ㄹ지(도) 모르다'는 완곡어법 기능을 실현하는데, 특히 '-(으)/는/(으)ㄹ 것 같다'는 추측을 나타내는 표현 항목 중 가장 생산적인 화용기능으로 확장되는 표현이다.

(29) a. 가: (선배와 문제를 풀다가) 아...선배님, 선배님의 답이 <u>틀린 것 같아요</u>.

---

14 노지니(2004)는 '-나/는가 보다'가 [공손]의 기능을 실현할 수 있는 맥락은 크게 두 가지라고 하였다. 첫째, 담화 참여자가 모두 동일한 정보를 소유하고 있고, 상대방이 정확한 정보를 요구하지 않는 상황이다. 둘째, 화자가 청자와 관련된 제반 사항에 대하여 평가를 내릴 때 사용된다.

나: 그래? 어디가 틀렸어?

b. 가: 참 이번 주말에 집들이를 하려고 하는데 혹시 올 수 있어요?

나: 전 못 갈 것 같아요.

c. 가: 이 신발이 아까 봤던 것보다 더 예쁘죠?

나: 글쎄요, 저는 아까 봤던 게 더 예쁜 것 같아요.

d. 내일은 무슨 일 갑자기 생길지도 모르니까 오늘 다 끝냅시다.

위의 예문 (29)는 '-(으)/는/(으)ㄹ 것 같다'가 공손 기능으로 나타나는 예문들이다. (29a)에서는 후배가 완곡하게 선배의 실수를 지적하고, (29b)는 요청을 공손하게 거절하고 있는 상황이며, (29c)는 자신의 의견을 완곡하게 제시하고 있는 상황이다. 또한, (29d)는 어떤 상황이 예상될 때 그 예상에 대한 가능성이 현저하게 낮은 반면에 '-(으)ㄹ지(도) 모르다'는 그 가능성을 제기하고 있는 양상을 보이고 있어, '-(으)ㄹ지(도) 모르다'를 사용해서 화자의 의견을 완곡하게 제시하고 있는 상황이다.

02
한·중 추측 표현의 양상

추측 표현은 강세나 억양과 같은 초분절적 요소에서부터 형태소, 단어, 구, 표현에 이르기까지 다양한 형식으로 나타난다. 그러나 각 언어에 따라 추측을 표현하는 주요한 문법 범주는 다를 수 있다. 한국어에서 추측을 의미하는 대표적인 문법 형식은 단일구성(선어말어미, 어말어미)과 복합구성(어말어미+의존명사+이다, 어미+의존명사+형용사, 어미+형용사/동사)으로 된 추측 표현이 있다. 중국어 추측 표현의 대표적인 문법 형식은 조동사와 어기사가 있다. 제2언어 습득에서 목표어와 모어의 대조는 필수적이며 기본적인 출발이라고 할 수 있다. 따라서 이 절에서는 한국어와 중국어의 추측 표현 체계의 형식적 대응 관계를 밝히고자 한다.

한국어와 중국어의 추측 표현 대조 연구를 하려면 일단 한국어와 중국어의 '추측 표현'에 대한 배경 지식이 필요하다. 한·중 양국 추측 의미의 실현 방식은 다양하다. 양 언어의 추측 표현 양상을 정리해 보면 아래 〈표 11〉과 같다.

〈표 11〉 한국어와 중국어 추측 표현의 양상 대조

양상	한국어	중국어
음운론적 요소	강세, 억양, 휴지	강세, 억양, 휴지
어휘적 요소	동사, 형용사, 부사	동사, 형용사, 부사
문법적 요소	▸ 단일구성 : - 선어말어미 - 어말어미 ▸ 복합구성 : - 관형사형어미+의존명사+이다 - 관형사형어미+의존명사+형용사 - 관형사형어미+형용사/동사	▸ 조동사(助動詞) ▸ 어기사(語氣詞)
문체적 요소	도치, 생략	도치, 생략

2.1. 한국어 추측 표현의 양상

위의 〈표 11〉에서 보듯이 한국어와 중국어의 추측 표현은 음운론적 요소, 어휘적 요소, 문법적 요소, 문체적 요소의 네 가지 형식으로 나누어볼 수 있다. 그 중에서 한·중 양 언어에서 기본적으로 대조를 이루는 것은 문법적 요소라고 할 수 있다. 따라서 본서에서는 주로 한국어 추측 표현의 문법적 요소와 중국어 추측 표현의 문법적 요소, 그리고 중국어의 어기사를 살펴보도록 한다. 이를 표로 정리하면 다음 〈표 12〉와 같다.

〈표 12〉 한국어 추측 표현의 구성 특성

추측 표현	추측 표현의 실현	
단일구성	선어말어미	-겠-
	어말어미	-(으)ㄹ걸
복합구성	관형사형+의존명사+이다	-(으)ㄹ 것이다
	관형사형어미+의존명사+형용사	-(으)ㄹ 것 같다
	관형사형어미+형용사/동사	-나/는가 보다
		-(으)ㄹ지 모르다

한국어에서 추측을 표현하는 대표적인 문법요소로서는 단일구성으로 선어말어미, 어말어미, 그리고 복합구성으로 '관형사형+의존명사+이다, 관형사형+의존명사+형용사, 관형사어미+형용사/동사' 등이 있다.

(30) a. 가: 비가 계속 오네요.

나: 내일은 더 춥겠어요.

b. 가: 시험에 아는 문제가 거의 없었어요. 열심히 공부했는데...

나: 정말 속상했겠어요.

c. 아마 민정이가 지연이랑 같은 반이었을걸요.

(30a), (30b), (30c)는 선어말어미가 사용된 추측 표현의 예문이다. 예문에서는 추측의 의미를 가지고 있는 선어말어미 '-겠-'을 사용해서 추측을 나타낸다. 장경희(1985)는 '-겠-'의 핵심 의미는 '결과 짐작'으로, 근거와 짐작이 되는 사실이 인과 관계에 있으면서 짐작의

근거가 원인이 되고, 짐작이 되는 사실은 결과가 되는 상황에서 쓰이며, '의도', '능력', '의견' 등을 들 수 있는데 이 외에 관용적인 용법으로 '공손'과 '요청'을 나타낸다고 하였다. 이 외에 화자와 청자가 판단의 근거가 되는 정보를 공유할 때 사용한다. 통사적으로 1인칭 주어 서술문과 2인칭 주어 의문문에서는 일반적으로 의지를 나타내며, 과거 시제와 어울리면 추측의 의미를 나타내기 때문에 의지 범주의 '-겠-'은 과거 시제 선어말어미와 어울릴 수 없다.

(30c)는 단일 구성 어말어미가 사용된 추측 표현이다. '-(으)ㄹ걸(요)'는 추측 이 외에도 후회와 아쉬움을 나타내는 의미를 갖고 있는데, 예문 (30c)에서는 추측의 의미로 쓰였다. 예문(30c)에서 알 수 있듯이 '-(으)ㄹ걸(요)'는 친한 친구나 가까운 사이에서 쓰인다.

(31) a. 장마가 끝나면 날씨가 더워질 것이다.

b. 다음 주에는 진달래가 많이 필 것이다.

예문 (31)은 '관형사형+의존명사+이다' 유형의 추측 표현의 예문이다. {-(으)ㄹ 것이다}가 '관형사형+의존명사+이다'로 구성된 유형이다. (31a), (31b)에서는 관형사형 어미 '-(으)ㄹ'에 의존명사 '것'이 연결되고 여기에 서술격 조사 '이다'가 결합한 구조이다. 현장에 존재하는 근거에 관계없이 가상 세계에서 있을 사건에 대한 추정적 표현이다. 일반적으로 아주 먼 과거의 사건이나 미래의 사건 또는 공간적으로 멀리 떨어진 세계의 사건은 화자로 하여금 추정을 가능하게 하는 현장적 근거를 제공하지 못한다. 따라서 예언이나 진리 등을 말할 때 사용된다.

화자만이 판단의 근거가 되는 정보를 가지고 있을 경우에는 '-(으)ㄹ 것이다'를 사용하며, 자신의 신념이나 확신 등에 대해 말할 때도 사용할 수 있다. 통사적 특징으로는 '-(으)ㄹ 것이다'는 같은 제약 하에서 의지와 추측을 모두 나타낼 수 있는데 의지 범주에서는 과거시제 선어말어미와 어울릴 수 있다.

(32) 제 생각에는 비가 <u>올 것 같아요.</u>

예문 (32)는 '관형사형+의존명사+형용사' 유형의 추측 표현 예문이다. '-(으)ㄹ 것 같다'는 관형사형 어미에 의존명사 '것'이 연결되고 여기에 형용사 '같다'가 결합된 구조를 가지고 있다. 의존명사 '것'은 명제 내용을 명사절로서 묶어주는 문법적인 역할을, '같다'는 '가정식 동일성'의 의미를 나타내는 의미적 기능을 함으로써, '-(으)ㄹ 것 같다'가 하나의 표현으로 '추측'의 의미를 나타내게 된다. '-(으)ㄹ 것 같다'는 다른 추측 표현의 '-나 보다'나 '-(으)ㄹ걸(요)' 등에 비하여 인칭이나 시제, 선행 동사, 서법의 제약 없이 비교적 자유롭게 쓸 수 있다.

'-(으)ㄹ 것 같다'의 의미는 '같다'의 어원에서 기원한 '유사성'에 기초한다고 할 수 있다. 추측이란 기억 속에 축적된 여러 경험의 표상들과 화자가 지각하는 현 대상들 사이의 유사성-개연성에 근거하는 인식작용으로서 화자는 자신이 지각하는 현 상황이 자신의 기억 속의 그 상황과 유사하다고 판단한 후, 그 확실성의 정도에 의존하여 언어로 표현을 하게 된다. 따라서 화자 자신의 경험이나 기억은 화자 자신밖에 모르므로 '-(으)ㄹ 것 같다'를 사용한 표현은 주관적일 수밖에 없다

(33) a. 가: 김치를 좋아하나 봐요. 잘 먹네요.

나: 네. 원래 매운 음식을 좋아해요.

b. 철수 씨가 출근 안 하는 걸 보면 많이 아픈가 봐요.

예문 (33)은 '관형사어미+형용사/동사' 유형의 추측 표현 예문이다. '-나 보다' 또는 '-가 보다'의 '-나'와 '-가'는 원래 의문형 종결어미이다. 따라서 '-나/가 보다'의 '-나/가'는 문법적으로는 명제 내용을 의문문으로 귀결시키는 역할을, 의미적으로는 명제 내용에 대한 화자의 내면적 의심 및 회의적 태도를 나타내는 역할을 하는 것이다. 여기에 '보다'가 나타내는 '판단'의 의미가 결합하여 '-나/가 보다'가 전체로서 '추측'의 의미를 나타내게 된다.

'-나 보다'는 다른 보조동사와는 달리 존칭 선어말어미 '-시-'와 시제 선어말어미를 사용하는 데에 있어 본용언에만 사용하는 제약이 있다. 주로 평서문, 감탄문의 형태로 나타나며 일반적으로 의문형, 청유형이 올 수 없다, 주로 2, 3인칭과 함께 쓰이며 1인칭에 쓰일 경우는 '보다'의 객관적 특성으로 화자의 직접 경험 사실을 표현할 수 없으므로 자신의 경험 상태를 대상화하더라도 의식하지 못하는 경험으로 기능할 때에만 가능하다.

'-나 보다'는 '원인 추측'의 핵심 의미로써 객관적인 근거로 상태

를 판단(주관화 정도가 낮은 편)하여 확실한 추측을 나타내는 표현 형식이다. 이는 화자가 직접 보고 느끼서 믿은 새로운 사실이므로 그 자체로 확실성을 지니고 있다. 또한 화자가 직접 경험하지 않고 다른 사람에 의해 전해들은 간접 정보도 '-나 보다'를 사용하는데 이는 간접 정보를 사실 정보로 믿지 않기 때문에 짐작의 형식을 빌려서 이를 발화, 전달하고 있다. 이러한 정보는 그 출처를 확인할 수 없지만 자신이 알고 있는 내적 정보로서 객관적인 가치를 지니고 있다

(34) a. 연말이 되면 많이 바빠질지도 몰라요.
b. 철수 씨가 많이 피곤해 하는걸 보니 안 갈지도 몰라요.

예문 (34)는 '관형사어미+동사' 유형의 추측 표현 예문이다. 추측의 근거가 없이 단순히 자신의 느낌에 의해서 내리는 판단의 경우 '-(으)ㄹ지 모르다'는 '-(으)ㄴ/는/(으)ㄹ 것 같다'와 마찬가지로 쓰일 수 있다.

2.2. 중국어 추측 표현의 양상

중국어에서 추측을 표현하는 대표적인 문법 형식은 조동사(助動詞)와 어기사(語氣詞)라고 할 수 있다. 조동사(助動詞)는 의미 해석, 어법 특징이나 품사 종류를 인식하는 시각에 따라 명칭이 매우 다르게 나타나기도 하는데 대부분의 학자들은 조동사는 가능, 필요, 당

위, 희망이나 바람 등 양태 의미를 나타낸다고 주장한다.[15] 어기사는 어기를 표시하는 허사(虛詞)이고, 늘 문장 끝이나 문장 중의 휴지하는 곳에 쓰인다.

1) 중국어 추측을 표현하는 조동사(助動詞)

(35) '要'

a. 要下雨了。

비가 오겠다.

b. 也许，要来台风了。

아마, 태풍이 올 것 같다.

c. 太感动了，快要留泪了。

감동을 받아서 눈물 날 것 같다.

d. 太冷了，要冻死人了。

추워서 얼어 죽겠다.

위의 예문 (35a)와 (35b)는 중국어 조동사 '要'를 이용하여 화자가 각 문제에 대해 추측하는 문장들이다. 화자가 명제의 확실성에 대해서 적어도 50% 이상의 확신이 있음을 나타낸다. (35c)와 (35d)에서

---

15 조동사의 분류 기준은 연구자마다 약간씩 다르다. 대표적으로 (1) 丁声树(1961)는 '가능', '의지', '필요', (2) 胡裕樹1981)는 '주관적인 바람', '객관적인 요구', (3) 馬慶株(1992)는 가능동사A, 필요동사, 가능동사B, 희망동사, 추측동사, 허가동사를 분류의 기준으로 제시하였다.

는 '要'를 이용해서 추측이나 곧 발생한다는 예측의 의미를 표현한다. 그러나 '감동을 받아서 눈물 날 지경'이나 '날씨가 너무 추워서 얼어 죽을' 상황에 쓰였지만 화자가 진짜 그런 것은 아니라 과장적 예측의 의미가 있다고 본다.

(36) '會/能'

a. 明天會很冷的。

내일은 날씨가 많이 추울 것이다.

b. 芝敏化妆的话會很漂亮的。

지민이가 화장하면 아주 예쁠 것이다.

c. 朴教授明天能来。

박 교수님께서는 내일 오실 수 있다.

위의 예문 (36a), (36b), (36c) '會/能'을 이용해서 추측을 나타내는 문장들이다. 화자가 각각 '내일은 날씨가 많이 추울 것이다'라는 추측, '지민이가 화장하면 아주 예쁠 것이다'라는 추측, '박 교수님께서는 내일 오실 것이다'라는 추측을 표현한 것이다. 그 외에도 중국어의 추측 표현 조동사에는 可能, 能够, 好像, 看样子 등이 있다.

2) 중국어 추측을 표현하는 어기사(語氣詞)

중국어는 어기사(語氣詞)로 추측을 표현하는 경우도 많다. 앞에서 언급했지만 어기사는 어기를 표시하는 허사이고, 늘 문장 끝이나 문장 중의 휴지하는 곳에 쓰인다. 중국어의 대표적인 어기사는 '的, 了, 么, 呢, 吧, 啊' 등이 있는데 추측을 표현하는 대표적인 어기사는 '吧' 라고 할 수 있다.

(37) '吧'

a. 這裡可以吸煙吧?

여기서 담배를 피울 수 있지?

b. 今天不上班吧 ?

오늘은 근무 안 하지?

예문 (37)은 어기사(語氣詞) '吧'를 이용해서 추측을 나타낸 예문들로 알면서도 확인이 필요한 경우로, 어기에 '吧'를 붙여서 추측 표현을 나타낸다.

지금까지 한국어와 중국어 추측 표현의 특징을 살펴보았다. 정리해보면 한국어에서 추측을 표현하는 대표적인 문법 형식에는 선어말어미와 종결어미, 그리고 복합구성으로 된 양태 표현이 있으며, 중국어에서 추측을 나타내는 대표적인 문법 형식에는 양태 조동사(助動詞)와 어기사(語氣詞)가 있다.

2.3. 한국어와 중국어 추측 표현의 대응 양상

앞에서 언급했듯이 추측 표현은 강세나 억양과 같은 초분절적 요소에서부터 형태소, 단어, 구, 표현에 이르기까지 다양한 형식으로 나타난다. 그러나 각 언어에 따라 양태의 의미 영역을 표현하는 주요한 문법 수단은 다를 수 있다. 한국어에서 추측을 의미하는 대표적인 문법 형식은 선어말어미, 어말어미, 그리고 복합한 구성으로 된 추측 표현이 있으며, 중국어 추측 표현의 대표적인 문법 형식은 조동사와 어기사가 있다. 대응되는 추측 표현 항목을 자세히 살펴보면 다음과 같다.

(38) a. 비가 오겠다. (要下雨了。) - 필연
b. 내일 모임에 왕 선생님 꼭 오실 것이다. (明天的聚会王老师一定会来。) - 필연
c. 내일 비가 올지도 모른다. (明天可能下雨。) - 가능성
d. 요즘 바쁜가 보다. (最近看样子可能很忙。) - 개연
e. 내일 수업 안 할 거 같다. (明天可能／好像不上课。) - 막연, 개연, 확연
f. 오늘은 택배가 올 걸(요). (今天可能会来邮件。) - 막연

〈표 13〉 한·중 추측 표현의 의미 대응 관계

의미	한국어	중국어
추측 표현	-겠- -(으)ㄹ 것이다 -는 것 같다 -는가 보다 -(으)ㄹ 걸(요) -(으)ㄹ지도 모르다	可能, 能(够), 要, 会, 好像, 看样子

제4장

추측 표현 교육을 위한 전제

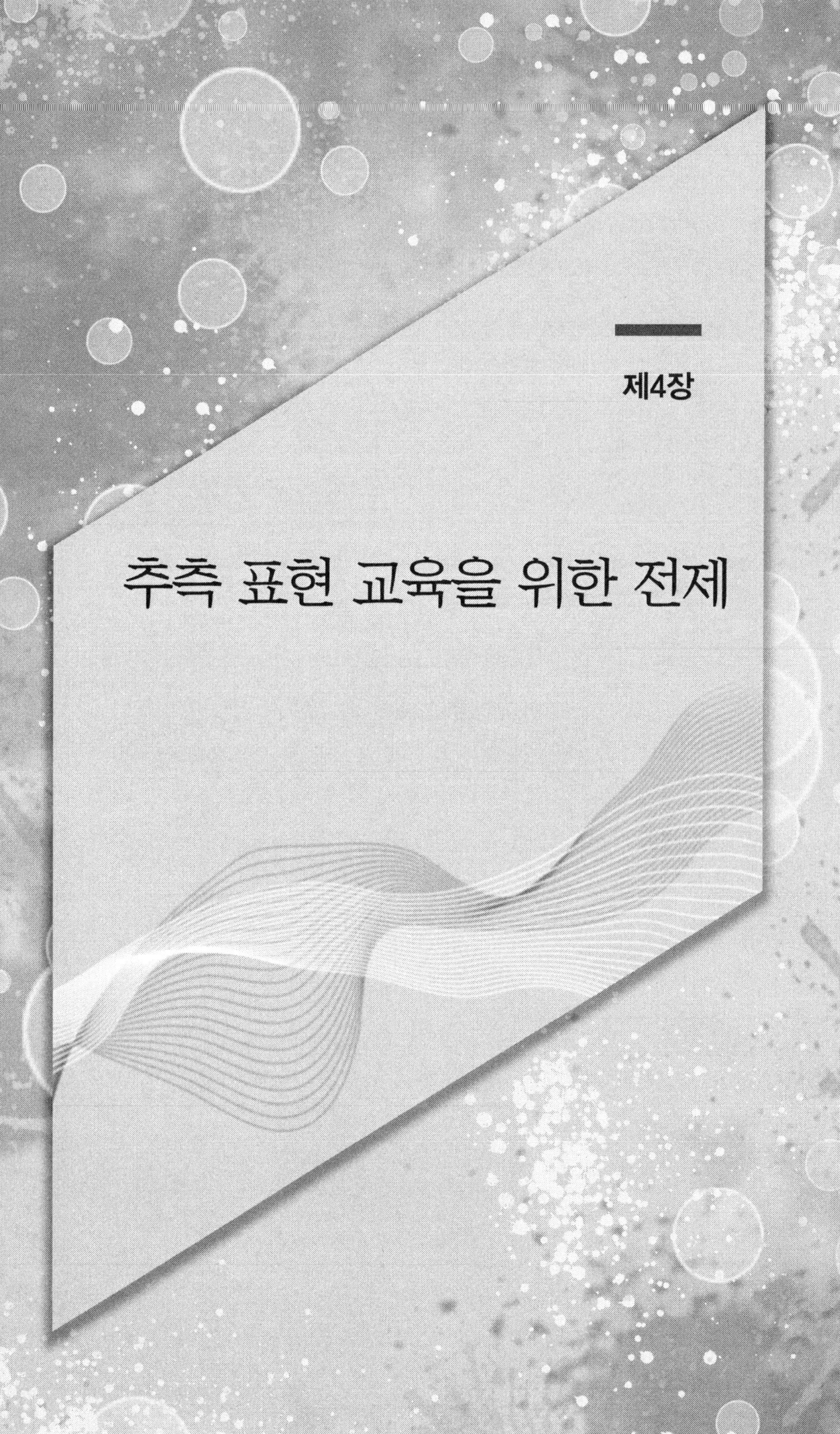

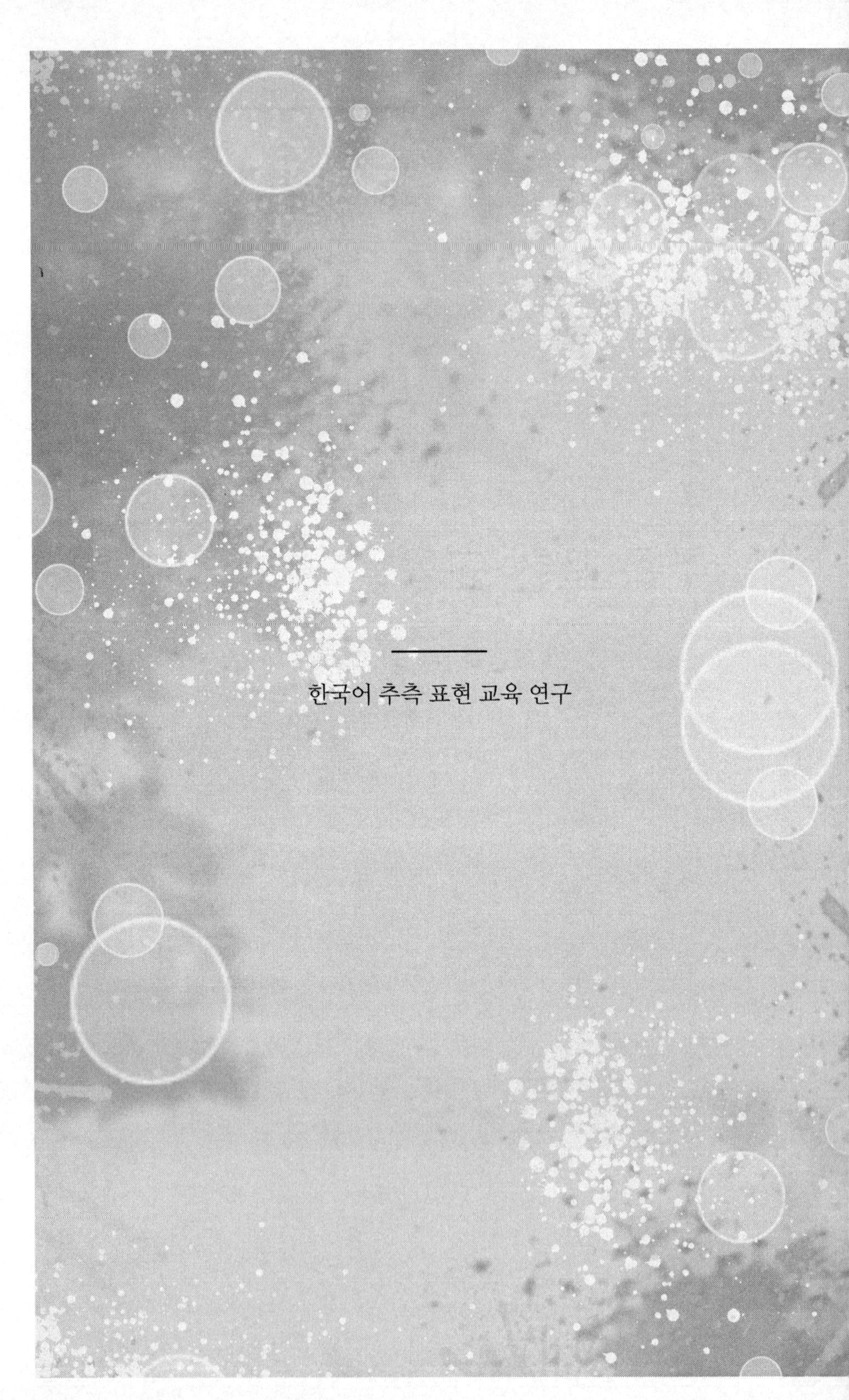

한국어 추측 표현 교육 연구

본 장에서는 한국어 추측 표현 교육을 위해, 먼저 한국어 추측 표현들이 국내 한국어 교재에서 어떻게 소개되고 설명되어 있는지에 대해 비판적 시각에서 접근하여 분석해 보고자 한다. 그 다음에는 자료 분석을 통해 중국인 중·고급 학습자의 추측 표현에 대한 '이해능력'과 '사용능력'을 분석하였다. 학습자 추측 표현의 이해능력 조사는 예비 설문조사, 1차 설문조사, 2차 설문조사를 통해 실시하였고, 학습자의 추측 표현 사용능력 조사는 담화 완성형 테스트 설문 도구를 통해서 실시하였다.

01
한국어 교재 분석

1.1. 교재 분석의 필요성

교재란 해당 교육 기관의 교육 정책이나 철학, 교육 과정 등을 근간으로 하여 어떠한 교육을 실제 해 나갈지를 제시해 주는 하나의 도구이며, 교수·학습 과정에 없어서는 안 될 핵심적인 요소이다. 아무리 좋은 교육 정책이나 교육 과정이라도 교재라는 도구를 통해서 구체적으로 실현되고 가시화되지 않으면 어떠한 긍정적인 효과도 기대할 수 없기 때문이다. 그러므로 교재는 교육 과정의 구현체이며, 수업 활동에 없어서는 안 될 중요한 요소가 되는 것이다(김영만, 2005:139).

어떠한 교육 원리 및 계획을 수립하여 어떠한 교재로 수업을 진행해 나가느냐에 따라 외국어 교육의 결과는 상당한 차이를 드러낼 수 있다. 물론 교수·학습법에는 외국어 교육 정책, 교육 기관, 환경, 학습기간, 학습자, 교사 등 다양한 요소와 변인이 포함되기는 하지만, 한 가지 일을 계획하고 추진해 나가는 데 있어서 기본적인 원리와 방향을 설정하는 것은 무엇보다 필요한 일이며, 이것이 마련되지 않고서는 어떠한 긍정적인 결과도 기대하기 어렵다.

많은 경우에 해당 교육 기관의 교육 방침이나 원리가 교재를 통하여 나타나게 된다. 교재는 실제 수업이 행해지는 교실이라는 상황 안에서 수업에 참여하는 학습자와 교사를 이어 주는 매개체요, 중재자로서의 역할을 담당하는 것이다. 이러한 관점에서 볼 때 추측 표현에 대한 교육 내용, 교수·학습 방법을 마련하기 위해서는 현대 한국어교육에서 추측 표현이 어떻게 교육되고 있는지에 대한 분석이 필요하다. 따라서 이 절에서는 3장에서 말뭉치 분석을 통하여 선정한 추측 표현들이 국내 한국어 교재에서 어떻게 제시되고 있는지를 살펴보고자 한다.

1.2. 교육 내용

분석 대상 교재는 국내 한국어교육에 가장 많이 쓰이는 네 가지 교재를 선정하였으며, 이를 정리한 것이 다음 〈표 14〉이다.

〈표 14〉 분석 대상 한국어 교재 목록

번호	교재명	출판 년도	발행처	기호
1	〈연세한국어〉	2007	연세대학교 한국어학당	〈가〉
2	〈한국어〉	2000	서울대학교 언어교육원	〈나〉
3	〈재미있는 한국어〉	2010	고려대학교 한국어문화교육센타	〈다〉
4	〈경희한국어〉	2008	경희대학교 국제교육원한국어교육부	〈라〉

연세대학교 한국어학당은 한국 내에서 가장 초기에 개설된 한국어학당으로서 여타 교육기관보다 더 일찍 교재를 발행하였다. 따라서 연세대학교 교재는 다른 기관의 교재에 비해 월등히 많은 양의 내용을 담고 있다. 서울대학교 교재는 서울대학교가 한국의 교육기관 중에 가장 명성이 있는 교육기관이므로 그 교재 또한 내용이 성실할 것으로 판단되어 선정하였고, 고려대학교 한국어문화교육센터에서 나오는『재미있는 한국어』교재는 학습자 중심의 교재로 문법에 관한 내용이 상대적으로 자세하게 설명되어 있어 선정하였다. 그리고 경희대 교재를 선택한 까닭은 의사소통식 교수법과 과제 활동을 중심으로 엮은 교재이면서 문법 항목의 제시나 설명 등이 비교적 다양하게 되어 있기 때문이다.

이상의 교재를 자료로 하여 추측 표현 항목의 제시 현황을 조사하였고, 한국어교육 현장에서 추측 표현 항목이 어떻게 교수되고 있는지를 파악하였다.

〈표 15〉 각 교재에 소개된 추측 표현 목록

교재 / 추측 표현	〈가〉	〈나〉	〈다〉	〈라〉
-(으)ㄹ 것 같다	1권9과	2권6과	2권3과/2권4과	초급Ⅱ-18과
-겠-	1권9과	2권14과	2권9과	초급Ⅰ-17과
-나/가 보다	2권8과	3권7과	3권7과	중급Ⅰ-3과
-(으)ㄹ걸(요)	3권4과	3권21과	-	고급Ⅰ-2과
-(으)ㄹ 것이다	1권8과	1권23과	1권7과/1권11과	초급Ⅱ-1과
-(으)ㄹ 지 모르다	3권8과	4권1과	-	-

1) {-(으)/는/(으)ㄹ것 같다}

'-(으)/는/(으)ㄹ것 같다'는 관형사형 어미에 따라 시점이 달라질 수 있다. 관형사형 어미 '-(으)ㄴ'은 선행 용언의 종류에 따라 과거 시제, 현재 시제 또는 미래 시제도 될 수 있기 때문에 형태적 결합 규칙에 대한 설명이 아주 중요하다.

〈표 16〉 {-(으)/는/(으)ㄹ것 같다}의 문법 설명

교재	문법 설명
〈가〉	► -을/ㄹ 것 같다: It is used with a verb stem to indicate the assumption of the action or state that will take place in the future. when the verb stem ends in a vowel, use '-ㄹ 것 같다'. when the verb stem ends in a consonant, use '-을 것 같다'.
〈나〉	► N인 것 같다: to seem to be N
	► A-(으)ㄴ 것 같다, V-는 것 같다: to seem to be V ► A/V-(으)ㄹ 것 같다: It looks like N will be A/V
〈다〉	► '-(으) 것 같다' is attached to a verb, an adjective and 'noun+이다', indicating one's subjective guess or presumption, about the present/future. ► When making prediction about the past, '았/었/였을 것 같아요' can be used. ► This takes two forms. a. If the stem ends in a vowel or '-ㄹ', '-ㄹ 것 같다' is used. b. If the stem ends in a consonant other than '-ㄹ', '-ㄹ 것 같다' is used.
	► '-(으)ㄴ/는 것 같다' is attached to a verb, and 'noun+이다' stem, meaning uncertain judgment or assumption about the present situation. ► This takes three forms a. For the verb stem and the adjective stem ending with '있다/없다', '-는 것 같다' is used.

	b. If the adjective stem ends in a vowel or '-ㄹ', '-ㄴ 것 같다' is used. c. If the adjective stem ends in a consonant other than '-ㄹ', '-은 것 같다' is used. ► When '-는/(으)ㄴ 것 같다' is used, it weakens the conclusive tone and gives soft and passive tone. Therefore, this form is frequently used for mild expressions of one's feeling.
〈라〉	► Verb+-(으)/는/(으)ㄹ것 같다: It is used when a speaker guesses some events or a state, or when he or she is not sure about the decision based on a present situation. When you use a action verb, the past form is '-(으)ㄴ것 같다', the present form is '-는 것 같다' and the future form is '-(으)ㄹ 것 같다'.

위 〈표 16〉에 제시된 바와 같이, 연세대학교 교재에서는 '-(으)ㄴ/는/-(으)ㄹ 것 같다'의 형태는 '-(으)ㄹ 것 같다'만 제시하였고, 서울대학교 교재의 경우는 명사와의 결합 규칙까지 지시하였으나 관형사형 어미에 따라 달라지는 시점에 대한 기술은 없다. 고려대 교재에서는 '-(으)ㄹ 것 같다'가 '-(으)ㄴ/는 것 같다'보다 먼저 제시가 되어 있다. 또한 '-(으)ㄹ 것 같다'를 미래나 현재의 추측이라고 설명한 것이 특징적이다. 그리고 과거 상황의 추측으로 '았/었/였을 것 같아요'의 형태로 소개하였다. '-(으)ㄹ 것 같다'나 '-(으)ㄴ/는 것 같다' 모두 형태 변형에 대한 설명이 자세히 나와 있다는 특징을 가지고 있다. 그리고 '-(으)ㄴ/는 것 같다'의 경우에는 완곡의 의미도 있다는 설명을 덧붙였다. 경희대 교재는 시제를 제시하였지만 동사와의 결합 규칙만 제시하였을 뿐, 형용사와 명사의 결합 규칙은 제시하지 않았다.

2) {-겠-}

'-겠-'은 미래 시제 기능뿐만 아니라, 시제나 인칭의 제약에 따라 추측의 의미와 의지의 의미 등을 나타낼 수 있다. 이는 앞에서 언급한 것처럼 '-겠-'은 하나의 형식이 형태·통사적 제약에 따라 추측과 의지 등의 다른 의미를 모두 나타낼 수 있기 때문에 정확한 문법 설명이 필요하다. 그러나 대부분의 한국어 교재에서는 초급 단계에서 '-겠-'의 문법 항목은 제시하고 있지만, 기본적인 내용의 기술이 부족하고 기술 용어까지 통일되어 있지 않다.

'-겠-'은 통사적 결합 제약에 대한 설명뿐만 아니라 문법 의미에 대한 설명도 충분하지 않았다.

연세대학교 교재에서는 '-겠-'을 의지와 추측의 의미로 구분하여 제시하였으며 '발화 순간의 사태를 추측하는 것'이라며 타 교재에 비해 상대적으로 설명을 자세히 하였지만, 선행 용언과 인칭의 결합에 대한 부분이 제시되어 있지 않았다. 또한 서울대학교 교재의 경우는 '-겠-'은 초급 단계에 제시되므로 영어로 간단하게 설명했는데 그 설명만으로 추측 표현의 의미를 이해하기에 어려움이 있다. 그리고 고려대 교재에서는 '-겠-'에 대한 기술이 화자가 현재 가지고 있는 정보에 기초한 진술로 설명이 되어 있다. 그러나 '-겠-'의 의미가 제한적으로 설명이 되어 있으며, 과거 상황의 추측에 대한 부분은 따로 설명이 되어 있지 않았다. 경희대 교재에서는 '-겠-'에 대한 설명이 미래 시제와 의지로만 제시되어 있으며, 추측의 의미로는 제시되어 있지 않았다. 따라서 한국어 교재에서 '-겠-'의 설명은 선행용언과 통사적 결합 제약 규칙에 대한 문법적 설명을 보완할 필요가 있다고 판단한다.

〈표 17〉은 '-겠-' 항목에 대한 각 교재의 문법 설명을 정리한 것이다.

〈표 17〉 {-겠-}의 문법 설명

교재	문법 설명
〈가〉	▸ This suffix is used with a verb stem to express the assumption or Supposition based on the situation or the state at moment of speaking.
〈나〉	▸ A/V-겠-: I suppose N will be A/will V ▸ A/V-았겠-/-었겠-: must have been A/V
〈다〉	▸ '-겠-' is attached to a verb, an adjective, or 'noun+이다', indicating a guess or presumption about the future its state based on the information that the speaker has now.
〈라〉	▸ This pre-suffix indicates the future. It is attached onto the verb stem before the verb ending. It expresses the will of the speaker when the subject is the lst person.

3) {-(으)ㄴ가/나 보다}

'-(으)ㄴ가/나 보다'는 중·고급 단계에서 학습하는 추측 표현으로, 직접적인 경험에 의해 객관적인 추측을 하는 상황에서 주로 쓰인다. '-(으)ㄴ가/나 보다'가 각 교재에서 어떻게 설명되어 있는지를 살펴보면 다음과 같다.

〈표 18〉 {-(으)ㄴ가/나 보다}의 문법 설명

교재	문법 설명
〈가〉	▸ -나, -은가/ㄴ가 보다: It is used with a verb to express prediction. Especially it is used when a speaker makes a supposition from the passive experience or something the speaker interpreted from an observed pastk, without any direct experience. In case of action verbs or past tenses, it is used as '나 보다', and in case of descriptive verbs '-은가/ㄴ가 보다' is used.
	▸ -긴-나/온가/ㄴ가 보다: 어떤 사실이나 상황으로 미루어 그런 것 같다고 추측하는 의미를 나타낸다, 이 때 말하는 사람의 추측을 나타내므로 '나'나 '우리'가 주어로 쓰이면 잘못된 문장이 된다. '-긴'을 사용하여 동사를 반복함으로써 의미가 강화되는 효과가 있다.
〈나〉	▸ V-나 보다. ▸ A-(으)ㄴ가 보다/ N인가 보다.
〈다〉	▸ '-나 보다' and '-(으)ㄴ가 보다' indicate a conjecture after witnessing a certain situation. ▸ While '-것 같다' can be used to express passively something that a speaker has experienced, '-나 보다' and '-(으)ㄴ가 보다' is not used to indicate something that the speaker actually experienced. ▸ This takes twe forms a. '-(으)ㄴ가 보다' is attached after an adjective or 'noun+이다'. If it ends in a consonant(except for 'ㄹ'), '-은가 보다' is used. b. '-나 보다' is attached after a verb, the present form of adjective ending with '있다/없다' and '-겠-' and '-았/었-'.
〈라〉	▸ '동작동사+나 보다', '형용사+(으)ㄴ가 보다' - 충분한 근거를 가지고 추측할 때 사용함. 의문형 종결어미에 '보다'가 붙은 형으로, 과거형은 '-었나 보다'로 중화된다.

〈표 18〉에서 보이는 바와 같이, 분석 대상 교재 모두 '-(으)ㄴ가/나 보다'에 대해서는 자세한 설명이 없어 어떠한 경우에서 쓰이는 추측 표현인지 정확히 알기 어렵다. 주어의 인칭 제약 등 문법 정보가 더 필요하다. 서울대학교 교재는 '-(으)ㄴ가/나 보다'를 '동사, 형용사,

명사+이다'로 형태를 구별하여 예문을 제시하고 있다. 설명이 따로 없기 때문에 인칭 제약에 대한 설명 역시 없다. 고려대의 교재에서는 '-나/ㄴ/은가 보다'는 목격하여 확실한 상황에 대하여 추측할 쓰는 표현이라고 설명하였으며, '-것 같다'와 달리 '-나 보다', '-(으)ㄴ가 보다'는 실제로 경험한 사실을 추측할 때는 쓰이지 않는다고 설명하였다. 그리고 동사와 형용사의 각기 다른 활용형을 제시하였고, 단어가 모음으로 끝나는지 자음으로 끝나는지 또는 자음 중에서도 'ㄹ'로 끝나는지에 따라 활용형이 다르다는 것도 제시하였다. 그러나 고려대 교재 역시 주어의 인칭 제약에 대한 설명이 없다.

4) {-(으)ㄹ걸(요)}

추측 표현'-(으)ㄹ걸(요)'는 중·고급 단계에서 배우는 추측 표현 중의 하나이다. 이는 형태·통사적으로 연결품사의 제약이나 시제 결합, 인칭 결합의 제약이 없지만, 그러나 동일한 형태가 후회의 의미로 쓰일 수도 있고, 추측의 의미로도 쓰일 수 있기 때문에 학습자들이 그 의미를 정확하게 판단하기는 어렵다.

〈표 19〉 {-(으)ㄹ걸(요)}의 문법 설명

교재	문법 설명
〈가〉	▸ It is used when one assumes about a situation in the future or an unknown fact. After verbs with a consonant-ending '-(으)ㄹ걸(요)' is used and after verbs with a vowel-ending '-ㄹ걸요' is used. If one assumes a situation which already ended '-었을걸요' is used. '-(으)ㄹ걸' is used for close friends or people who are younger in age pr lower in hierarchy.
〈나〉	▸ A/V-(으)ㄹ걸요 ▸ A/V-았/었을걸요
〈다〉	-
〈라〉	▸ -(으)ㄹ 걸(요): 추측의 내용을 단정적으로 말할 때 쓴다.

대부분의 한국어 교재는 '-(으)ㄹ걸(요)'에 대한 형태·통사적 결합 규칙에 대한 설명이 부족하며 인칭의 결합에 따라 추측의 의미가 아닌 후회의 의미로 쓰일 수 있으며, 구어체적 상황에서 주로 사용한다는 등의 문법 정보가 필요하다. 특히 서울대학교 교재의 경우는 '-(으)ㄹ 걸(요)' 문법 설명이 전혀 없어서 학습자들이 추측의미의 '-(으)ㄹ걸(요)'가 어떤 상황에서 쓰이는지 파악하기 어려울 것으로 보인다.

5) {-(으)ㄹ 것이다}

추측 표현 '-(으)ㄹ 것이다'는 학습의 초기에 제시되는 문법 항목으로 주어의 인칭에 따라 화자의 추측이나 의지, 혹은 의도를 나타낸다. 한국어 교재에서도 이에 대한 문법 설명에 비중을 두었고, 서울대학교 교재를 제외하면 비교적 자세하게 기술되어 있다.

대부분의 교재에서 '-(으)ㄹ 것이다'의 기본형을 제시하지 않아 '-(으)ㄹ 것이다'와 '-(으)ㄹ 거예요'를 다른 표현으로 인식할 가능성이 있다. 연세대학교 교재의 경우, 1권에서는 구어체로 제시되어 있으나 3권에서는 기본형이 제시되어 있다. 이것은 '-(으)ㄹ 것이다'가 학습의 초기 단계에 제시되는 문법 항목으로 학습 초기에 '-(으)ㄹ 것이다'의 문법 형태가 구어체에서는 '-(으)ㄹ 거예요'로 변화되었다는 것을 설명하기에 어려움이 있기에, 이를 반영한 것으로 보인다.

서울대학교 교재는 '-(으)ㄹ 것이다'를 'will'로만 표현하는 등 문법 정보나 의미에 대한 설명이 많이 부족하여 학습자에게 혼란을 초래하기 쉽다. 또한 의미 기능이 다른 문법 항목의 예문을 제시할 때 의미 기능별로 분류하지 않은 경우도 있다. 고려대 교재는 먼저 1권 7과에 미래의 의미로 소개가 되어 있으며 7과에 '-(으)ㄹ 것이다'가 '-(으)ㄹ 거예요'로 변하는 과정을 설명하였다. 1권 11과에 추측의 의미로 소개하였으며, '아마'와 함께 쓰일 수 있다는 점도 언급하였다. 받침의 여부에 따라서 활용 형태가 달라짐을 설명하였고 과거의 사건이나 완료된 상황에 대한 추측의 의미로 '-았/었/였을 것이다'를 기술하였다.

〈표 20〉 {-(으)ㄹ 것이다}의 문법 설명

교재	문법 설명
〈가〉	► -을/ㄹ 거예요: It is used with a verb stem (1) If the subject is a first or second person, it indicates with the speaker's intention or future fact. In this case, it is used with only with an action verb ends in the other consonants, use '-을 거예요'. (2) If the subject is a third person, it indicates the speaker's assumption or guess. In this case, it can be used with both an action and a descriptive verb. ► -었을/았을/였을 것이다. - This expression is used when one gives assumption about an already finished action or situation. It is attached to verd stems. For all action verbs or descriptive verbs ending with a vowel except of '아, 야, 오' the attached ending is '-었을 거예요' and for action verbs and descriptive verbs ending with '아, 야, 오' the attached is '-았을 거예요'. For action verbs ending with '하다' the attached ending is '-였을 거예요'.
〈나〉	► A/V-(으)ㄹ 거예요: will N be A/V
〈다〉	► '-(으)ㄹ 것이다' is attached to either a verb stem or adjective stem and it indicates the speaker's guess or conjecture. This is often used together with the adverb '아마'. ► This takes two forms. a. If the last letter in the stem is a vowel or the consonant '-ㄹ', '-ㄹ 것이다' is used. b. If the last letter in the stem is a consonant other than '-ㄹ', '-을 것이다' is used. ► When making a guess about a past event or completed action, '-았/었/였을 것이다' is used.
〈라〉	► Verb+(으)ㄹ 거예요: This represents a speaker's plan, will, or conjecture. when a subject is the lst person and a verb is an action verb, it mainly represents the speaker's will while when a subject is the lst person and the verb is a stative verb, it mainly represents the speaker's conjecture. When a subject is the 3rd person, it mainly represents the speaker's conjecture.

대부분의 교재에서 인칭 제약 및 선행 용언에 따른 통사적 제약을 사세하세 언급하였으나 추측 의미에 대한 설명을 'assumption', 'conjecture'로 각각 다른 영어 표현을 사용하여 제시하고 있으므로 학습자의 혼란을 초래할 우려가 있다.

6) {-(으)ㄹ지(도) 모르다}

추측 표현 '-(으)ㄹ지(도) 모르다'는 추측에 대한 확신의 정도가 가장 약하고 막연한 의문을 나타내는 추측 표현으로 한국어 교재에서 제시된 문법 설명은 다음과 같다.

〈표 21〉 {-(으)ㄹ지(도) 모르다}의 문법 설명

교재	문법 설명
〈가〉	▸ -을지/ㄹ지 모르겠다: - It is used together with a verb to express concern about the situation which is not absolute.
	▸ -을지도/ㄹ지(도) 모르다. - It is used when one can assume a situation but is not sure about it. It is attached to verb stems. Attached to action verbs and descriptive verbs ending with consonants is '-을 지도 모르다' and attached to action verbs and descriptive verbs ending with vowels is '-ㄹ지도 모르다'. For already actions the ending is '-었을지도 모르다'.
〈나〉	▸ A/V-(으)ㄹ지 모르겠다 not to know whether
〈다〉	-
〈라〉	-

〈표 21〉에서 제시 바와 같이, 연세대학교 교재는 '-(으)ㄹ지(도) 모르다'의 구성으로 쓰일 때는 앞 내용에 대해 걱정함을 나타내고, '-(으)ㄹ지 모르다'의 구성으로 쓰일 때는 확실할 수 없는 명제에 대해 추측하는 것으로 설명하였다. 서울대학교 교재는 '-(으)ㄹ지 모르겠다'의 형태로 제시되어 있고 상황의 추측이라는 설명이 있다. 의미는 영어로 단순하게 해석되어 있고 그 외의 자세한 설명은 역시 없다. 또한 많은 추측의 상황 중에 어떤 상황에 쓰이는지 설명이 없으며 문형의 제한 등에 대한 설명 또한 없다.

지금까지 한국어 학습 교재 중 가장 대표적이라 할 수 있는 교재들에 제시되어 있는 '추측 표현'에 관해 분석해 보았다.

1.3. 문제점

앞에서 한국어 학습 기관에서 사용하는 교재를 바탕으로 본서의 연구 대상인 한국어 추측 표현이 어떻게 제시되고 있는가를 살펴보았다. 추측 표현 대부분이 초급 중반부에서 중급의 중반부에 이르는 과정에 가장 많이 제시되고 있다. 이는 기본적으로 한국어 의사소통 능력을 갖추기 위해서는 추측 표현이 중요하고 비중 있게 다루어져야 함을 반증한다 하겠다.

문법 부분에 있어서 연세대학교와 고려대학교 교재에는 자세한 설명이 나와 있지만, 서울대학교와 경희대 교재는 매우 간략하게 설명하고 있다. 교사들이 이에 대한 자세한 설명과 용례를 보충적으로 설명해 주지 않는다면, 교재만으로는 학습자들이 공부하기에 많은 어려움이 있을 것이다. 상기한 네 개의 학습기관 모두 처음에는 한국어 이외의 언어로 설명하다가 단계가 올라가면서 한국어 설명으로 전환된다는 공통점도 있었다. 교재 분석 결과를 정리하면 다음과 같다.

1) 제시 형태 문제

이윤지(2007:343)는 한국어 교재에서 '-것 같다'의 제시 형태에 대한 문제점을 논의한 바가 있다. 그는 선행 어미를 통합하여 제시하는 것보다 분리하여 제시하는 것이, 그리고 선행 요소의 품사 표시를 하는 것이 하지 않는 것보다 학습자에게 더 용이한 방법이라고 하였다.

이를 바탕으로 '-것 같다'를 예로 들면, 경희대 교재는 선행 용언과 함께 선행하는 관형사형 어미를 덧붙여 각 형태를 분리하여 제시하고 있다('동사+(으)ㄹ 것 같다', '동작동사+는 것 같다', '동작동사, 형용사+(으)는 것 같다'). 반면, 연세대학교 교재에서는 문법 항목을 제시할 때, 품사 정보나 관형형 어미가 명확하게 제시되어 있지 않으며 선행 용언의 표시가 없이 각 형태를 통합하여 제시하고 있다('-을/ㄹ 것 같다'로 통합 설명). 서울대학교 교재에서는 선행 요소의 품사 표시를 분리하여 'A-(으)ㄴ 것 같다', 'V-는 것 같다', 'A/V-(으)ㄹ 것 같다'를 제시하였다.

이러한 일관성 없는 문법 형태의 제시 방법은 교사나 학습자에게 큰 혼란을 일으킬 수도 있다.

2) 문법 설명 문제

문법 설명 방법도 교재마다 차이가 있는 것으로 분석되었다.

문법 설명은 학습자가 문법 규칙을 정확히 이해하고 사용하는 데 중요한 역할을 한다. 본서에서는 문법 설명에서 포함된 내용, -의미, 기능, 유의적 표현 간의 의미 차이 기술 -, 그리고 설명과 예문의 관계를 중심으로 분석하였으며, 분석 결과는 다음과 같다.

① 문법 의미·기능에 관한 설명이 부족하다.
② 추측 표현들 간의 의미 차이를 잘 제시하지 않았다.
③ 추측 표현의 완곡어법 기능에 대해 제시하지 않고 있다.
④ 문법의 이해를 위해 상호 작용적인 대화 상황이 적다.

첫째, 네 개의 학습기관 모두 처음에는 한국어 이외의 언어로 설명하다가 단계가 올라가면서 한국어 설명으로 전환된다. 연세대학교 한국어 교재는 1, 2, 3권에 영어 외에도 일본어, 중국어로 문법 설명을 하였고 4권부터는 한국어로 설명하였다. 경희대의 경우 초급은 영어로 문법 설명을 하고 중·고급에서는 한국어로 설명하였다. 서울대학교 경우는 1, 2권은 영어로 번역을 하고, 3, 4권에서는 예문만 설명하였고 문법 용도에 대한 설명도 매우 간략하게 하였다. 문법 설명이 매우 간략해서 경희대나 연세대학교 교재에 비해 비교적 표현을 유추하기 어렵고, 예문의 제시만으로는 의미를 명확히 분석하기 어려운 점이 있었다.

둘째, 추측 표현들 간의 의미 차이를 잘 제시하지 않아 표현 간의 추측 의미의 변별성이 적다. 비슷한 의미를 가진 표현들을 제시할 때 차이점을 명확하게 설명하지 않은 상태에서, 학습자가 '-겠-'을 배우고 난 후 '-(으)ㄹ 것이다'를 배운다면 둘의 의미상의 차이점에 대해서 궁금증이 생길 것이다. 그런데 어느 교재에서도 이러한 차이점에 대해 언급한 부분이 없었다. 따라서 의미가 구분되는 비교 상황을 제시하면 학습자에게 도움이 될 것으로 생각한다.

비슷한 의미를 가진 추측 표현들 역시 각각의 의미 기능이나 제약, 차이점 등이 명확하게 설명되어 있지 않은 것으로 분석되었다. 예를 들어 추측 표현 '-(으)ㄹ 것이다'와 '-(으)ㄴ/는/(으)ㄹ 것 같다'의 의미 정의와 쓰임에 대한 설명이 매우 부족하다. 심지어 예문에서는 각각의 표현이 같은 의미를 가진 것으로 오해하기 쉬운 예문이 제시되어 있는 경우도 찾아볼 수 있다. 명시적인 설명이 부족하기 때문에 학습자들은 이런 비슷한 추측 표현을 학습할 때 잘못 사용하는 경우가 많다.

먼저 추측의 설명을 살펴보면 서울대학교 교재는 불확실한 추측, 짐작 등으로 변별하였으나 대부분은 '추측하다'로만 설명되어 있는 경우가 많다. 경희대는 'conjecture, guess', '추측, 짐작됨' 등의 단어로 설명하고 있고, 연세대학교 교재는 'intention, supposition, assumption' 등으로 설명하고 있다. 반면 서울대학교 교재는 '-(으)ㄹ 것이다', '-(으)ㄹ 것 같다'를 모두 'will'로 표현하고 있어서 학습자에게 혼란을 줄 우려가 있다.

'추측'이라는 의미적 공통성을 지니고 있는 표현 항목은 학습자가 그 의미를 구분하는 것이 쉬운 일이 아니므로 교재에서 명확한 설명과 예시를 통해서 제시해 주어야 하는데 문법 설명에서 그 기능을 명확하게 해주지 못하고 있음을 알 수 있었다.

셋째, 추측 표현 '-(으)ㄹ 것 같다'의 완곡어법적 의미 기능에 대해서는 거의 대부분의 교재들이 명시적으로 제시하지 않고 있다. 연세대학교 교재에서만 문법 설명이 아닌 '과제와 활동' 부분에서 '거절'의 화행 기능을 암시적으로 밝히고 있었다. 다른 교재에서는 가끔 예문에서 단순한 추측 의미로 쓰이는 것과 공손 기능으로 쓰이는 예문을 함께 제시하는 경우가 있다.

넷째, 문법의 이해를 위한 상호 작용적인 대화 상황이 부족하며, 예문이 적절하지 않은 경우도 여러 교재에서 발견할 수 있었다. 아래에 예를 든 경희대 교재 예문에서는 '-나 보다'의 사용을 위한 충분한 근거가 드러나지 않았으며, 과거형 '-었나 보다'에 해당되는 예문은 제시어 있지 않다.

경희대: 중급 1-3과(P:153) (동작동사)나 보다, (형용사)ㄴ가 보다

▸ 충분한 근거를 가지고 추측할 때 사용함. 의문형 종결어미에 '보다'가 붙은 형으로, 과거형은 '-었나 보다'로 중화된다.

예) 아마 여기는 우리 같은 사람들이 오는 데가 아닌가 봐요.

월요일 아침에는 아이들도 학교에 가기 싫은가 보다.

문법 설명 내용에서 빠질 수 없는 필수 요소인 예문은 학습자들에게 여러 가지 용도로 쓰인다. 학습자들은 예문을 통하여 하나의 문법 규칙이나 개념을 이해할 뿐 아니라, 다른 의사소통 상황에서 언어의 원칙으로 사용하기도 한다. 따라서 지나치게 단순한 문장 차원의 예문은 지양해야 하며, 예문을 하나의 의사소통 과정으로 간주하고 문법 설명을 충분히 이해할 수 있도록 적절하게 제시하여야 한다. 또한 실제 의사소통에서 사용할 수 있도록 활용도가 높은 예문을 제시해야 한다고 본다.

3) 연습 활동 문제

앞에서 제시한 바와 같이 네 기관 교재의 특징에 따라 목표 문법을 위한 연습 활동의 유형이 상이함을 확인할 수 있었다. 경희대 교재는 의사소통 교수법과 과제 중심 활동을 엮은 교재로서 목표 문법을 단원의 주제와 과제 활동으로 잘 연결시키고 있다. 특히 초급 교재의 경우 목표 문법을 제시하고 주어진 조건에 따라 문장 차원에서 해당 문법을 반복 사용하게 한 다음, 점점 큰 담화 단위로 이동하여 문맥 속에서, 과제 활동을 수행하는 과정에서 목표 문법을 사용하도록 하고 있다. 예를 들어 '-(으)ㄹ 거예요'가 목표 문법으로 제시된 단원의 주제는 '주말에 무엇을 하실 거예요?'이고 관련된 기능은 '계획 말하기'이다. 그림을 통해 먼저 목표 문법을 제시하고 주어진 단어들을 연결하여 문장을 완성하는 반복 연습을 한 다음, '주간 계획 짜기'와 '반 친구들의 주말 계획 물어보기' 등 과제 활동을 통해 의사소통 과정에서 목표 문법을 사용하도록 하고 있다.

교재에서 학습 활동은 단원의 그 어떤 구성 요소보다 중요한 역할을 한다. 학습자는 활동을 통하여 목표 어휘나 문법을 사용하는 경험을 가질 수 있고 일련의 연습, 사용절차를 거쳐 실제 의사소통에서 즉각적으로 반응하며 맥락에 적절한 어휘나 문법을 선택 사용하게 된다. 따라서 이해 단계에서 입력된 자료를 최대한 수용하기 위한 인식 활동과 사용 단계에서 상황에 적절한 표현을 자동적으로 산출하기 위한 일련의 생성활동 개발이 필요하다고 판단한다.

02
학습자의 이해능력 조사

본 절에서는 Ⅱ장에서 살펴본 추측 표현의 특성을 중심으로 한국인 모어 화자와 외국인 한국어 학습자들이 추측 표현을 어떻게 이해하고 사용하고 있는지 확인하기 위해 설문조사를 실시하였다. 조사 참여자의 선정 및 정보, 자료의 수집 방법, 자료를 분석한 방법에 대해 기술하고, 한국어 학습자들의 추측 표현에 대한 이해능력을 알아보고자 한다.

2.1. 조사 방법

중국인 한국어 학습자의 추측 표현 이해능력을 알아보기 위하여, 예비 설문조사, 1차 설문조사, 2차 설문조사까지 세 번의 설문조사를 실시하였는데 모든 설문조사는 조사 전 설문지의 신뢰성을 확인하기 위하여 한국어 모어 화자 10인에게 먼저 실시하여 수정 보완하였다. 예비 설문조사를 통해 가설을 세우고, 그 가설의 검증을 위해 1차 설문조사를 실시하였으며, 1차 설문조사 결과를 분석하여 도출된 결과를 다시 가설로 하여 2차 설문조사를 진행하여 최종 결과를 도출해 내는 방법을 선택하였다.

2013년 1월, 10명의 중국인 한국어 학습자를 대상으로 예비 설문조사를 실시하였고, 그 결과를 가지고 세 가지 가설을 세웠으며, 가설을 검증하기 위한 1차 설문조사는 80명의 중국인 유학생을 대상으로 2013년 4월~5월에 실시하였다. 1차 설문조사 시에는 선행 연구자들이 제시한 추측 표현의 특성 분석 결과를 분류기준으로 하였고, 추측 표현 항목은 21세기 세종계획 분석 결과에서 도출한 빈도수가 높은 표현을 기준으로 하여 선정하였다.

1차 설문조사 결과를 분석하여 가설을 도출하였으며, 도출된 이들 가설의 검증을 위해 2013년 7월~8월, 2차로 선별한 200명의 인원을 대상으로 2차 설문조사를 진행하였다. 예비 설문조사, 1차 설문조사, 2차 설문조사는 모두 무기명 설문조사를 원칙으로 하였으나, 1차 설문조사의 경우에만 인터뷰에 대비하기 위하여 설문조사 참여자의 동의를 얻은 경우에 한하여 기명으로 실시하였다. 80명의 참여자 중 62명이 기명으로 설문조사에 참여하였다. 설문조사 수행 과정을 간략히 도식화 하면 [그림 4]와 같다.

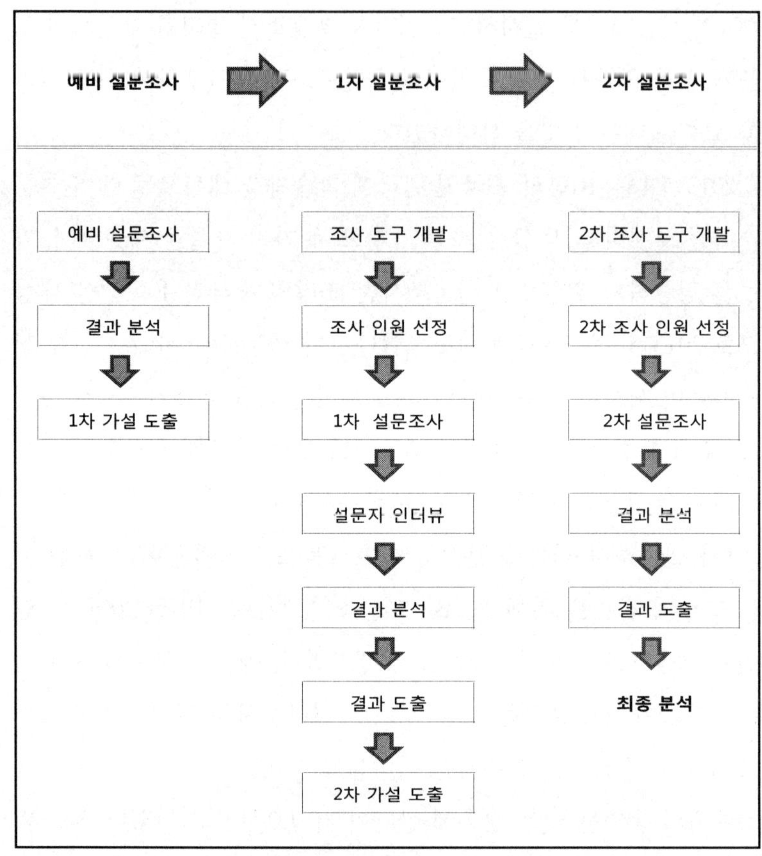

[그림 4] 이해능력 조사 절차

2.2. 예비 설문조사

예비조사는 2013년 1월 중국인 한국어 학습자 10명을 대상으로 진행하였다. 설문조사 인원은 인하대학교 국어교육학과에서 학습

중인 중국인 유학생으로 하였으며, 15문항으로 구성된 설문지로 추측 표현의 이해능력 및 구사 능력을 조사하였다. 본 예비 설문조사의 결과는 조사인원의 규모 및 구성 면에서 볼 때 분석 자료로서의 가치나 비중이 크지 않다고 볼 수 있기 때문에, 기초적인 가설을 세우기 위한 자료로서만 사용하였음을 밝혀 둔다.

분석 결과를 살펴보면, 첫째, 앞서 제시한 5가지 항목 - 직접적 정보, 간접적 정보, 내재적 정보, 확신의 정도, 완곡어법 - 에 따라 그 이해능력에 차이를 보였다. 예를 들면 '간접적 정보'의 추측 표현 항목이 높은 정답률을 보인 반면 '내재적 정보'의 추측 표현 항목은 30% 이하의 정답률을 보였다. 5가지 항목에 대하여 학습자들이 어떻게 구별하고, 어떻게 사용하고 있는지에 대한 연구가 필요하다고 판단된다.

여기에서 첫 번째 가설을 도출하였는데 '중국인 한국어 학습자들은 본서에서 분류한 5가지 항목에 대해 각각 그 이해능력이 다르다.'는 것이다. 둘째, 각 추측 표현 중 문맥에 따라 상기한 5가지 항목의 분류에 중복 적용되는 표현(예를 들면 '-ㄹ것 같다'의 간접적 정보, 내재적 정보, 확신의 정도, 완곡어법)의 정답률이 극히 낮았다. 셋째, 한국어 사용능력 수준은 추측 표현의 이해능력과 관련되지 않았다. 한국어 사용능력수준의 측정은 응답자들의 한국어 능력시험(TOPIK)[16] 등급을 근거로 했는데, 3급보다 정답률이 낮은 5급도 있

16 한국어 능력시험(TOPIK; Test of Proficiency in Korean): 한국어를 모국어로 하지 않는 외국인 및 재외동포들에게 한국어 학습 방향을 제시하고, 한국어의 보급을 확대하고자 1997년부터 시행된 시험. 1등급부터 6등급까지 등급별로 평가하며, 6

었고, 6급보다 정답률이 좋은 4급 학생도 있었다. 여기서 세 번째 가설을 도출하였는데, '한국어 능력시험(TOPIK) 등급은 추측 표현의 이해능력과 반드시 일치하지 않는다'가 그것이다.

1차 설문조사에서 분석할 가설 3가지를 도출하여 정리하면 다음과 같다.

- 1차 가설1) 중국인 한국어 학습자들은 본서에서 분류한 5가지 항목에 대해 각각 그 이해능력이 다르다.
- 1차 가설2) 중국인 한국어 학습자들은 문맥에 따라 다른 기능을 하는 추측 표현에 대하여 이해능력이 떨어진다.
- 1차 가설3) 한국어 능력시험(TOPIK) 등급은 추측 표현의 이해능력과 관련되지 않는다.

2.3. 1차 설문조사

2.3.1. 조사 참여자 선정

1차 설문조사는 중국인 한국어 중·고급 학습자를 중심으로 한국에서 학업 중인 중국인 유학생 80명을 대상으로 실시하였다. 앞서 설명하였듯이 10명의 한국어 모어 화자를 대상으로 사전조사를 진

등급에 가까울수록 한국어 능력이 높은 것이다. 1등급은 생존에 필요한 기초적인 언어 기능을 수행할 수 있는 수준이며, 6등급은 정치, 경제, 사회, 문화 전반에 걸쳐 친숙하지 않은 주제에 관해서도 한국어를 이용하고 사용할 수 있는 수준이다.

행하여 각 설문조사 문항의 신뢰성을 검증하고 수정 보완하였다.

특히 상기한 1차 가설3)의 검증을 위하여 40명의 고급자(TOPIK 5~6급), 40명의 중급자(TOPIK 3~4급)의 인원으로 구성하였고, 2차 설문조사에 대비하여 설문 참석 인원의 '한국 체류기간'도 함께 조사하였다.

설문문항은 총 20문항으로 문항에 대한 구체적인 설명은 아래 2.3.2.에서 다루도록 하겠다. 조사 참여자의 분포는 다음 〈표 22〉와 같다.

〈표 22〉 조사 참여자 분포

한국 체류기간	인원 등급 분포		계
	중급(3~4급)	고급(5~6급)	
1년 이하	14	8	22
1년~2년	10	4	14
3년~4년	6	6	12
5년~7년	7	21	28
8년~9년	2	1	3
10년 이상	1	-	1
계	40	40	80

2.3.2. 조사 도구 개발

예비 설문조사의 결과 분석을 통해 본서가 1차 가설로 세운 3가지 사항을 분석하기 위하여 1차 설문조사를 진행하였다. 설문조사지는 20문항으로 구성하였는데, 1차 가설1) '중국인 한국어 학습자들은 본서에서 분류한 5가지 항목에 각각 그 이해능력이 다르다'와 1차 가설2) '중국인 한국어 학습자들은 문맥에 따라 다른 기능을 하는 추측 표현에 대하여 이해능력이 떨어진다'를 증명하기 위하여 문항의 구성은 상기한 5가지 항목(직접적 정보, 간접적 정보, 내재적 정보, 확신의 정도, 완곡어법)에 해당하는 문항으로 각기 4문항씩 구성하되 문맥에 따라 다른 기능을 하는 추측 표현의 중복 표현이 포함될 수 있도록 하였고, 더불어 세부적인 표현으로 나누어 문항을 구성함으로써 2차 설문조사를 실시하였다. 1차 가설3) '한국어 능력시험(TOPIK) 등급은 추측 표현의 이해능력과 관련되지 않는다'는 1차 설문조사 인원 구성 단계에서 인원을 나누어 구성함으로써 검증을 준비하였다. 구성 문항들은 주로 한국어 교재에서 제시되어 있는 예문이나 21세기 말뭉치상의 예문을 활용하여 구성하였다. 총 20개 문항으로 설문지를 구성하였으며, 문항별 추측 표현의 분류를 제시하면 다음 〈표 23〉과 같다.

〈표 23〉 이해능력 조사 설문지 문항 구성

분류	특징	추측 표현 항목	문항
판단의 근거	직접적 정보	-겠-	N1, N2
		-(으)ㄴ가/는가/나 보다	N3, N4
	간접적 정보	-(으)ㄹ 것 같다	N5, N6
		-(으)ㄹ 것이다	N7, N8
	내재적 정보	-(으)ㄹ 것이다	N9
		-(으)ㄹ지 모르다	N10
		-(으)ㄹ걸(요)	N11
		-(으)ㄹ 것 같다	N12

확신의 정도	강함 ⇓ 약함	-(으)ㄹ 것이다	N13
		-겠-	N14
		-(으)ㄹ 것 같다	N15
		-(으)ㄹ지 모르다	N16
완곡 어법	요청 거절	-(으)ㄹ 것 같다	N17, N18
	의견 반대	-(으)ㄹ지 모르다	N19, N20

2.3.3. 조사 절차

설문조사는 설문지를 직접 배포하는 방식과 전자메일을 이용하여 설문하는 방식, 두 가지 방식을 사용하였으며 2013년 4월 19일에 배포를 시작하여 4월 28일까지 회수하였다. 총 88부를 회수하였으나 그 중에서 성실하지 않은 응답자의 설문 8부를 제외하고 80부를 분석대상으로 하였다.

2.3.4. 결과 및 분석

본 절에서는 수집된 자료를 바탕으로 설문조사의 결과를 분석해보고자 한다. 앞 절에서 제시된 설문지 구성 문항과 같이 설문 문항은 다시 크게 다섯 개의 영역 -직접적 정보, 간접적 정보, 내재적 정보, 확신의 정도, 완곡어법 - 으로 나누었다.

아래 〈그림 5〉는 상기한 각 영역에 대해 설문조사를 근거로 한국어 학습자들의 추측 표현 이해능력을 그래프화한 것이다. 결과를 보면 한국어 모어 화자와 같은 100% 정답자는 없었으며, 최고 득점자가 17점(정답률 85%)이었고 조사인원 80명의 평균 정답률은 60%를 나타내었다.

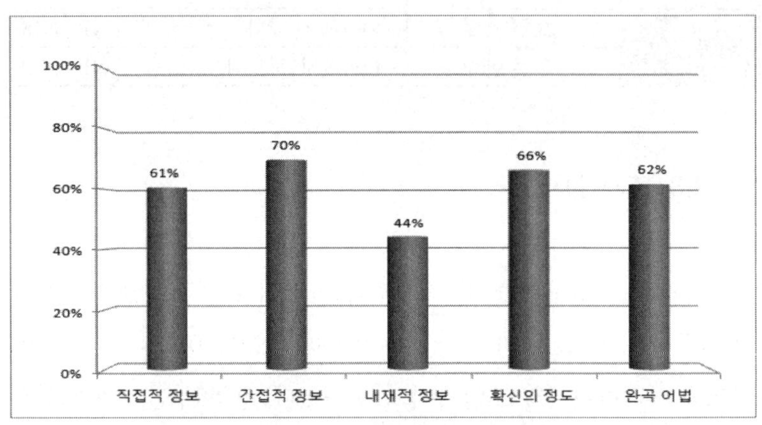

[그림 5] 한국어 학습자들의 추측 표현 이해능력

1) 1차 가설1)의 분석 및 결과

1차 가설1) 중국인 한국어 학습자들은 본서에서 분류한 5가지 항목에 각각 그 이해능력이 다르다.

[그림 5]를 보면 5개의 각 항목은 44%에서 70%까지 다양한 모습을 보인다. 이 결과만을 두고 본다면 중국인 한국어 학습자들은 '내재적 정보 영역'의 추측 표현의 이해도가 가장 떨어지고 '간접적 정보 영역'의 이해도가 가장 높다고 판단할 수도 있다. 따라서 1차 설문조사에 앞서 세웠던 1차 가설1)이 참이라고 판단할 수도 있겠지만, 아래 〈표 24〉와 [그림 6]을 보면 1차 가설1)이 거짓임을 알 수 있다.

〈표 24〉 5개 항목 세부 표현에 대한 정답률

구분	세부표현	정답률
직접적 정보	-겠-	74%
	-가/나보다	48%
간접적 정보	-ㄹ것 같다	84%
	-것이다	56%
내재적 정보	-것이다	30%
	-ㄹ지모르다	33%
	-걸(요)	33%
	-ㄹ것 같다	81%
확신의 정도	-것이다	49%
	-겠-	78%
	-ㄹ것 같다	83%
	-ㄹ지모르다	56%
완곡어법	-ㄹ것 같다	50%
	-ㄹ지모르다	74%

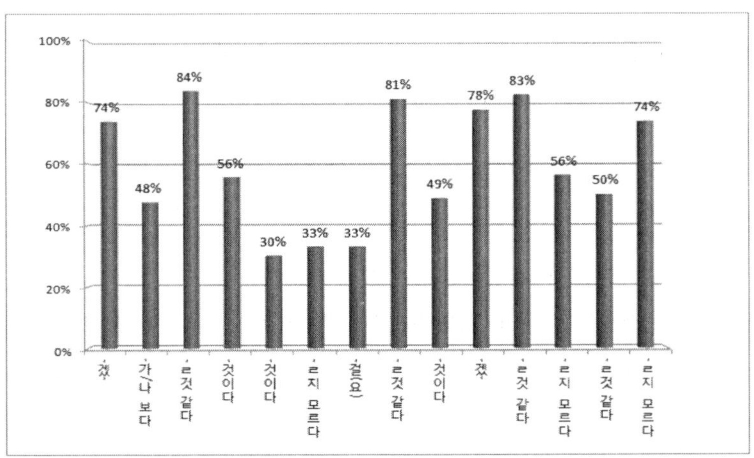

[그림 6] 5개 항목 세부 표현에 대한 정답률

〈표 24〉는 5개 항목별 세부내용에 대한 분석 결과를 나타낸 것이나. 5개의 항목 모두 그 세부적인 내용을 살펴보면 같은 항목 안에서도 각각의 문제에 따라 정답률이 극명하게 갈림을 알 수 있다. 직접적 정보의 두 가지 항목 '-겠-'과 '-나 보다'만 보더라도 각각 74%와 48%의 정답률로 26%p의 차이를 보인다. 가장 낮은 정답률을 나타내는 내재적 정보 영역도 크게 차이가 나는 것을 볼 수 있는 등 모두 자체 항목 내에서 각 추측 표현의 정답률이 큰 차이를 나타내는 것을 알 수 있다. 1차 가설1)은 문제가 있는 가설임이 드러났으며, 5가지 항목의 세부 추측 표현을 하나하나 분석하여 2차 설문조사에 다시 반영해야 함이 드러났다.

2) 1차 가설2)의 분석 및 결과

1차 가설2) 중국인 한국어 학습자들은 문맥에 따라 다른 기능을 하는 추측 표현에 대하여 이해능력이 떨어진다.

다음으로 1차 가설2)의 증명을 위해 문맥에 따라 다른 기능으로 중복 사용되는 4가지의 표현 ('-겠-', '-(으)ㄹ것 같다', '-(으)ㄹ 것이다', '-(으)ㄹ지 모르다')의 정답률을 살펴본 결과는 다음과 같다.

첫째, '-겠-'은 직접적 정보(N1, N2)와 확실성(N14)에서 중복되어 나왔는데 세 문항 모두 정답률 70% 이상으로 전체 문항 평균(60%)보다 높은 정답률을 나타냈다. 아래 〈표 25〉와 [그림 7]은 '-겠-'의 인원군별 정답률을 보여준다.

〈표 25〉 '–겠–'의 인원군별 정답률

인원군 \ 문항	직접적 정보		확실성
	–겠–		
	N1	N2	N14
고급(5~6급)	75%	85%	88%
중급(3~4급)	68%	68%	67%
평균	71%	76%	78%

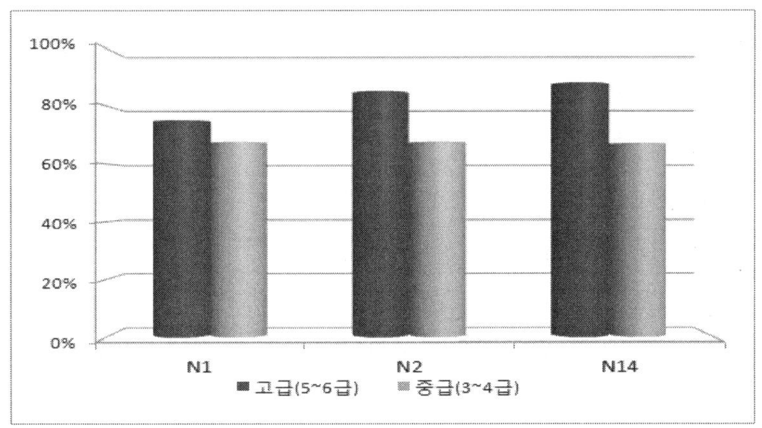

[그림 7] '–겠–'의 인원군별 정답률

둘째, '-ㄹ것 같다'는 〈표 26〉에서 보이듯이 간접적 정보(N5, N6)와 내재적 정보(N12), 확신의 정도(N15)는 80% 이상의 높은 정답률을 나타내지만 완곡어법(N17, N18)은 50%대의 정답률로 극명하게 차이가 나타난다. '-ㄹ것 같다'의 완곡어법이 이처럼 낮은 정답률을 나타낸 것을 분석하기 위하여 (N17, N18)의 오답자를 선별하여 양해를 구한 후, 인터뷰를 실시하였는데, 인터뷰에 응한 9명의 답변을 종합하면 '기억이 나지 않았다', '알고는 있었지만 확실하지 않아 자신이 없어 선택하지 않았다', ''-ㄹ것 같다'는 추측을 표현하는 방법으로만 알고 있었다' 등으로 나타났다.

인터뷰를 근거로 하여, 학습자들이 '-(으)ㄹ것 같다'의 완곡어법 기능에 대해 이해능력이 부족하다는 것을 나타냈다. 앞으로 '-(으)ㄹ 것 같다'의 완곡어법 기능의 교육에 대해 보완할 필요가 있다고 생각한다. 이는 '한국어 교재 분석 결과'에서 언급한 내용인 '-(으)ㄹ것 같다'가 한국어 교재 내에서 추측의 의미로만 제시되고 그 화용적 기능이 언급된 부분이 미미하거나, 언급조차 되지 않은 경우가 많다는 부분과 내용이 일치한다. 이에 대해서는 2차 설문조사 결과를 정리한 〈표 30〉에서 그 내용을 더욱 더 세밀하게 분석할 수 있는데, 이는 2차 설문조사 부분에서 다루도록 하겠다.

또한 눈여겨 볼 점이 있는데 앞의 〈표 24〉를 보면, 간접적 정보(N5)와 (N6), 내재적 정보(N12), 확신의 정도(N15)에서의 '-ㄹ것 같다'는 속해 있는 3개의 분류군(간접적 정보, 내재적 정보, 확신의 정도)에서 모두 최고의 정답률을 나타냈다는 것이다. 특히 '내재적 정보'의 영역에서 그 차이가 두드러지는데, 이유를 분석하기 위하여 '내재적 정보'(N9), (N10), (N11), (N12) 중 (N9), (N10), (N11)의 오답자를 대상으로 사후 인터뷰를 실시하였다. 응답자 중 대부분이 '문제 답안의 선택 항목 중에 '-ㄹ것 같다' 가 있었다면 선택을 하였겠으나, '-ㄹ 것 같다'가 선택 항목에 없었기 때문에 어려웠다'라고 답하였다. 이는 앞서 21세기 세종계획 말뭉치 자료 분석에서 나타났듯이, 한국의 일상생활에서 그 사용 빈도수가 가장 큰 '-(으)ㄹ 것 같다'로 그 사용이 몰리면서 '-(으)ㄹ 걸(요)', '-ㄹ 것이다', '-(으)ㄹ지 모르다'의 표현은 학습자에게 상대적으로 생소하게 느껴졌기 때문에 나타난 현상이다. 사회적 영향이 언어 습관에 영향을 준 것이다. 아래 〈표 26〉와 [그림 8]은 '-ㄹ것 같다'의 인원군별 정답률을 보여준다.

〈표 26〉 '-ㄹ 것 같다'의 인원군별 정답률

문항 / 인원군	간접적 정보		내재적	확실성	완곡어법	
	-ㄹ것 같다					
	N5	N6	N12	N15	N17	N18
고급(5~6급)	88%	85%	83%	88%	50%	50%
중급(3~4급)	80%	83%	80%	78%	53%	45%
평균	84%	84%	81%	83%	51%	48%

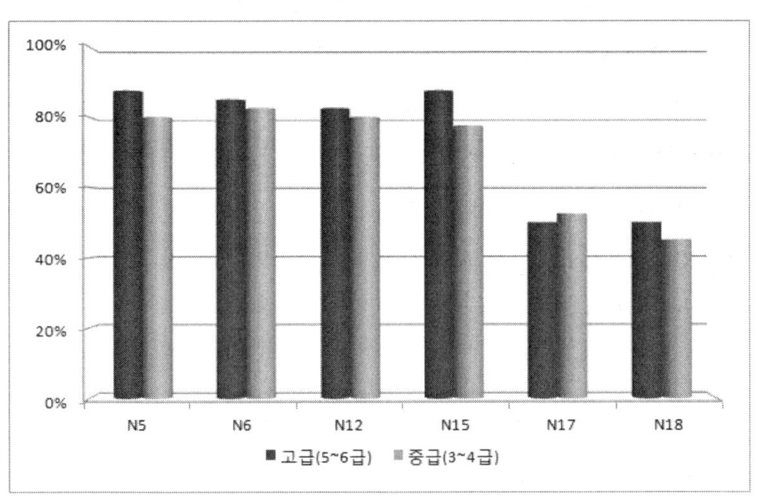

[그림 8] '-ㄹ 것 같다'의 인원군별 정답률

셋째, '-ㄹ 것이다'는 간접적 정보(N7, N8)와 내재적 정보(N9), 확신의 정도(N13)에서 확인해 보았는데, 각각 56%, 30%, 49%로 평균

보다 극히 낮은 정답률을 보였다. 특히 고급(5~6급)인원의 정답률도 4문항 평균 49%로 매우 낮았다.

그 원인을 알아보기 위하여 오답자 중 고급(5~6급)인원 5명에게 사후 인터뷰를 실시하였는데, 응답자 중 3명에게서 '미래의 계획이나 의지를 나타낼 때 '-ㄹ 것이다'를 써야 하는 것이 아니냐?'라는 되물음을 받았다. 이는 한국어 교재가 주로 의지 기능의 '-ㄹ 것이다'에 대한 설명만을 위주로 하고 추측의 의미에 대해서는 그 비중을 적게 두고 있기 때문이다. 앞으로 '-ㄹ 것이다'의 의지나 미래 계획의 의미 외에도 추측의 의미 또한 주목할 필요가 있다.

또한 앞의 〈표 26〉과 아래의 〈표 27〉의 분석 과정에서 특이한 점이 나타났는데, 〈표 25〉와 〈표 28〉과는 달리 고급자와 중급자의 평균 정답률의 차가 적다는 것이다. 〈표 26〉의 '-ㄹ것 같다'와 〈표 27〉의 '-ㄹ 것이다'는 한국어 능력(TOPIK 등급)보다 다른 측면의 영향으로 인하여 그 이해능력이 결정된다고 판단된다. 이는 1차 가설3)의 증명 과정에서 자세히 다루도록 하겠다. 〈표 27〉과 [그림 9]는 '-ㄹ 것이다'의 인원군별 정답률을 보여준다.

〈표 27〉 '-ㄹ 것이다'의 인원군별 정답률

문항 / 인원군	간접적 정보		내재적	확실성
	-ㄹ 것이다			
	N7	N8	N9	N13
고급(5~6급)	48%	63%	33%	53%
중급(3~4급)	50%	63%	28%	45%
평균	49%	63%	30%	49%

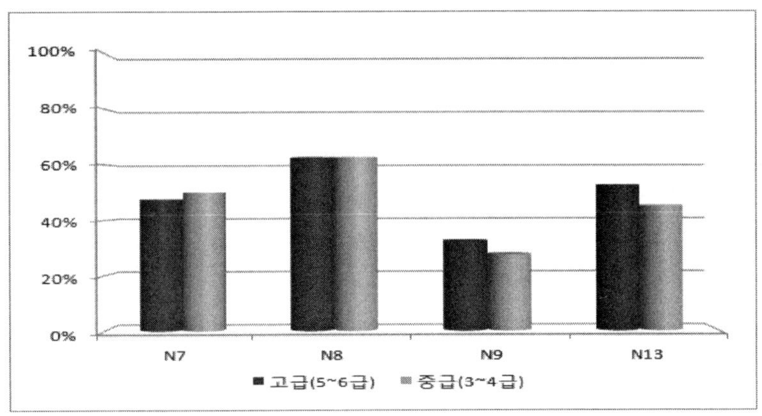

[그림 9] '-ㄹ 것이다'의 인원군별 정답률

넷째, '-ㄹ지 모르다'는 내재적 정보(N10), 확신의 정도(N16), 완곡어법(N19, N20)에서 다루었는데 각각 33%, 56%, 74%의 정답률을 보였다. 여기서도 특히 내재적 정보 영역의 정답률이 극히 낮은 것을 볼 수 있다. 이는 앞서 '-(으)ㄹ것 같다'의 분석 과정과 인터뷰 내용에서 보았듯이, 한국의 일상생활에서 그 사용 빈도수가 가장 큰 '-ㄹ 것 같다'로 그 사용이 몰리면서 '-(으)ㄹ지 모르다'의 표현이 학습자에게 다소 생소하게 느껴졌기 때문이다. 다음 〈표 28〉과 [그림 10]은 '-(으)ㄹ지 모르다'의 인원군별 정답률을 보여준다.

〈표 28〉 '-ㄹ지 모르다'의 인원군별 정답률

인원군 \ 문항	내재적	확실성	완곡어법	
	-ㄹ지 모르다			
	N10	N16	N19	N20
고급(5~6급)	38%	65%	75%	83%
중급(3~4급)	28%	48%	68%	70%
평균	33%	56%	71%	76%

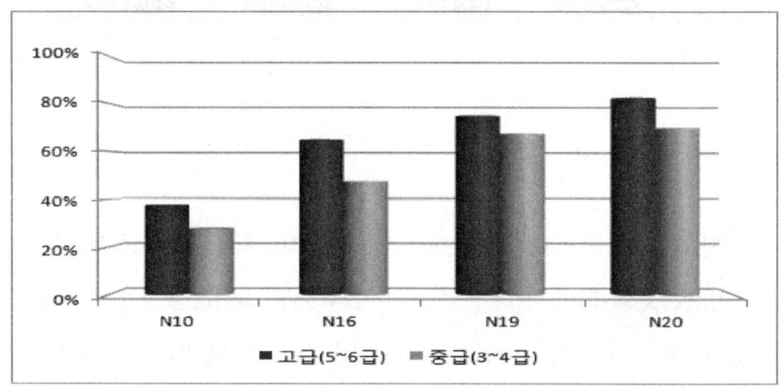

[그림 10] '-ㄹ지 모르다'의 인원군별 정답률

상기한 내용을 종합해, 설정한 가설2)에 대한 분석 결과를 도출해 보면, 1차 가설2) '중국인 한국어 학습자들은 문맥에 따라 다른 기능을 하는 추측 표현에 대하여 이해능력이 떨어진다'는 말은 그 설득력이 약하다고 판단할 수 있다. 문맥에 따라 다른 기능을 하는 추측 표현에 대하여 이해능력이 떨어지는 것이 아니라 '-ㄹ것 같다'와 '-ㄹ지 모르다'의 예에서 보듯이 '사회적 영향이 언어 습관에 영향을 주어 다른 표현의 이해능력 향상을 저해한다'라고 보는 것이 적당할 것이다. 여기서 '사회적 영향이 언어 습관에 영향을 주어 다양한 표현의 습득을 저해 한다.'라는 2차 가설1)을 도출하였다.

또한 간과할 수 없는 부분이 학습 교재이다. '-ㄹ것 같다'와 '-ㄹ것 이다'의 분석 과정과 인터뷰 내용에서 알 수 있듯이, 교재에서 추측 표현으로 명확하게 제시되어 교육되지 않았거나, 그 비중이 크지 않았던 부분에 대하여 학습자들의 이해능력이 현저히 떨어진다는 것을 보았다.

이를 좀 더 심도 있게 증명하기 위하여 '교재에서 추측 표현으로 비중을 두고 있지 않은 표현들은 한국어 학습자들의 추측 표현 이해 능력에 영향을 미친다'를 2차 가설2)로 하여 200명의 인원을 대상으로 2차 설문조사를 실시하였다.

3) 1차 가설3)의 분석 및 결과

1차 가설3) 한국어 능력시험(TOPIK) 등급은 추측 표현의 이해능력과 관련되지 않는다.

한국어를 학습하는 학습자들 중, 한국어 능력시험(TOPIK) 고급자가 중급자 보다 '전반적인 한국어 표현의 이해'에 있어서 그 수준이 높음은 당연하다. 고급자는 당연히 중급자보다 더 많은 교육을 받았을 것이고, 더 많이 학습하였을 것이며, 더 많은 교재를 접했을 것이다. 그런데 '어떠한 일정한 표현'의 이해에 있어서 중급자가 고급자보다 그 능력이 뛰어나다면, 혹은 비슷한 능력수준을 보인다면, 이는 현재의 한국어교육방법이나 교재에 보완할 부분이 있다는 것을 반증한다. 아래 1차 가설3)의 분석을 통하여 현재의 한국어교육 방법과 교재의 보완하여야 할 점을 찾아보고자 한다.

1차 가설3)을 검증하기 위하여 본서는 1차 설문조사에서 그 조사 인원의 구성에 있어 TOPIK 중급인원과 고급인원을 1:1의 비율로 설문에 참여시켰음을 밝힌 바 있다. 아래 〈표 29〉와 [그림 11]은 인원군의 각 문항별 득점률을 도표화한 것이다.

〈표 29〉 인원군의 각 문항별 득점률

문항	1	2	3	4	5	6	7	8	9	10	11
고급자	75%	85%	55%	58%	88%	85%	48%	63%	33%	38%	40%
중급자	68%	68%	43%	35%	80%	83%	50%	63%	28%	28%	25%
차이	8%p	18%p	13%p	23%p	8%p	3%p	-2%p	0%p	5%p	10%p	15%p

문항	12	13	14	15	16	17	18	19	20	평균
고급자	83%	53%	88%	88%	65%	50%	50%	75%	83%	65%
중급자	80%	45%	67%	78%	47%	53%	45%	68%	70%	56%
차이	2%p	8%p	21%p	10%p	18%p	-3%p	5%p	8%p	13%p	-

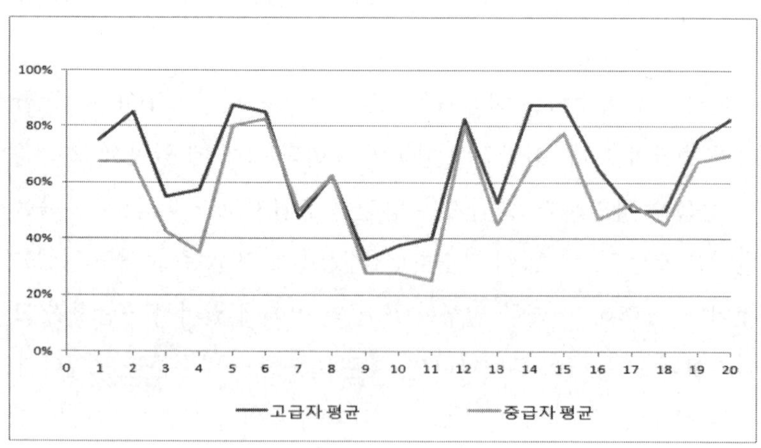

[그림 11] 인원군의 각 문항별 득점률

〈표 29〉에서 보면 고급자(정답률 65%)와 중급자(정답률 56%)의 추측 표현 이해능력에 차이가 있음을 알 수 있다. 이에 1차 가설3) 역시 적절한 가설이 아니었다는 판단이 나오게 되지만, 그 정답률 차이가 5%(1명)미만 (N6), (N8), (N9), (N12), (N18)이거나, 역전된 부분(N7), (N17)에 주목해 볼 필요가 있다. (N6, N12, N17, N18)은 '-것 같다'의 추측 표현이고, (N7), (N8), (N9)는 '-(으)ㄹ것이다'의 추측 표현이다. 두 개의 표현만 유독 고급자와 중급자의 차이가 거의 없음을 알 수 있다. 따라서 이 두 가지 표현에 대하여는 다른 기준을 적용해야 한다고 판단되어 'TOPIK 등급'이 아닌 '한국 체류기간'의 기준으로 인원군을 재분류하여 다시 분석해 보았다. 상기한 두가지 표현의 이해능력이 한국어 능력시험(TOPIK) 등급과 상관 관계가 없고, 한국 체류기간과 비례 관계를 나타낸다면, 이는 학습자들이 '-것 같다'와 '-ㄹ것이다'의 표현을 정확히 교육 받아 이해한 것이 아니라, 한국에 체류하면서 몸소 습득하였다는 추론이 가능하므로, 현재의 한국어교육방법이나 교재에 보완할 부분이 있다는 것을 반증한다. 분석 결과는 아래 〈표 30〉과 [그림 12]와 같다.

〈표 30〉 '한국 체류기간'에 따른 정답률

문항 / 한국 체류기간	-것 같다				-것이다		
	N6	N12	N17	N18	N7	N8	N9
5년 이상	98%	92%	78%	76%	72%	86%	48%
5년 미만	70%	71%	25%	22%	26%	39%	12%
평균	84%	81%	51%	49%	49%	63%	30%

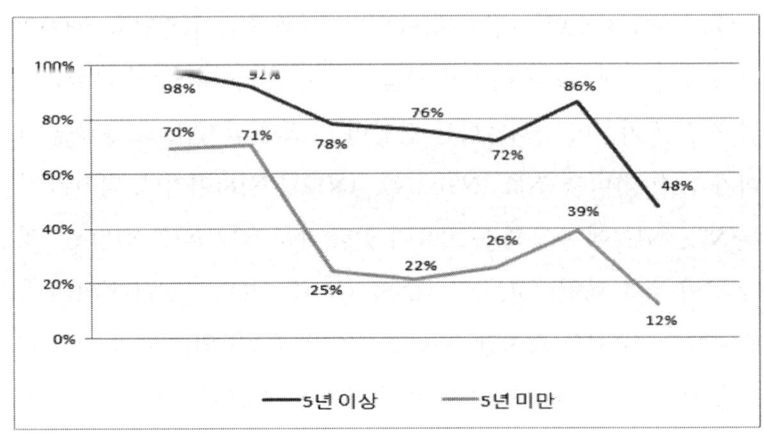

[그림 12] '한국 체류기간'에 따른 정답률

위의 〈표 30〉에서 보듯이 1차 가설3)은 '-것 같다'와 '-ㄹ것이다'에 있어 그 참이 드러났다. '-것 같다'와 '-ㄹ것이다'의 추측 표현에 있어서는 한국어 능력(TOPIK 등급)이 영향을 미치지 못하고, 조사대상 인원의 '한국 체류기간'이 영향을 미친다는 것이다. 이를 2차 가설3)으로 설정하고 좀 더 심도 있게 증명하기 위하여 인원을 재분류하여 200명의 인원으로 2차 설문조사를 실시하였다.

2차 설문조사에서 증명할 3가지 2차 가설을 정리하면 다음과 같다.

2차 가설1) 사회적 영향이 언어 습관에 영향을 주어 다양한 표현의 습득을 저해한다.

2차 가설2) 교재에서 추측 표현으로 비중을 두고 있지 않은 표현들은 한국어 학습자들의 추측 표현 이해능력에 영향을 미친다.

2차 가설3) '-것 같다'와 '-ㄹ것이다'의 추측 표현은 교육받은 정도 (TOPIK 등급)가 아닌 '한국 체류기간'에 영향을 받는다.

2.4. 2차 설문조사

앞서 1차 설문조사에서 '2차 가설1) 사회적 영향이 언어 습관에 영향을 주어 다양한 표현의 습득을 저해한다, 2차 가설2) 교재에서 추측 표현으로 비중을 두고 있지 않은 표현들은 한국어 학습자들의 추측 표현 이해능력에 영향을 미친다, 2차 가설3) '-것 같다'와 '-ㄹ것이다'의 추측 표현은 교육받은 정도(TOPIK 등급)가 아닌 '한국 체류기간'에 영향을 받는다'의 3가지 가설을 도출하였다.

2차 설문조사의 주된 목표는 2차 가설3)의 증명이라 하겠다. 그러므로 2차 설문조사는 2차 가설3)의 검증을 그 기본 목표로 하여 인원의 구성을 새로 선정하여 진행을 하였으며, 2차 가설1)과 2차 가설2)에 대해서는 가설에 정확성을 더하기 위하여 1차 설문조사와 같은 문항에 설문조사 인원수만 늘여 그 신빙성을 더할 것이다. 2차 설문조사의 결과에도 한국어 모어 화자와 같은 100% 정답자는 없었으며, 평균 정답률은 1차 설문조사의 60%보다 높은 62.4%의 정답률을 보였다.

2.4.1. 조사 참여자 선정

2차 설문조사는 2013년 7월~8월까지 실행하였으며, 중국인 한국어 학습자 중 한국 체류기간 '5년 미만자'와 '5년 이상자' 두 분류의 인원군으로 조성하여 각각 100명씩 총 200명을 대상으로 조사하였다. 조사인원은 현재 한국 내 교육기관에서 학업 중인 중국인 대학생과, 현재 중국에 거주하고 있는 한국 유학 경험자들을 대상으로 모집하였다. 현재 한국에서 학업중인 학생들은 수도권 대학에 재학중인 중국인 학생들이 주 대상이며, 한국 유학 경험자들은 중국 산동공상대학교(山東工商學院), 중국 장춘사범대학교(長春師範大學)의 고학년(3-4 학년) 학생들인데, 이들은 한국의 교육기관에서 교환학생 등의 과정으로 학업 후 중국으로 귀국한 학습자들이다

2.4.2. 조사 절차

설문의 방법은, 설문지를 직접 배포하는 방식과 전자메일을 이용하여 설문하는 방식, 소셜 네트워크 서비스(SNS; Social Network Service)를 이용하는 방식을 사용하였으며, 2013년 7월 2일에 배포를 시작하여 7월 20일까지 회수하였다. 총 255부의 설문지 중에 2차 설문조사의 참여자 선정조건에 맞는 200부의 설문지를 선정하여 분석을 진행하였다.

2.4.3. 결과 및 분석

첫째, 2차 가설1) '사회적 영향이 언어 습관에 영향을 주어 다양한 표현의 습득을 저해한다'는 기재한 바처럼 '-ㄹ것 같다'를 위주로 '-(으)ㄹ 걸(요)', '-(으)ㄹ 것이다', '-(으)ㄹ지 모르다'의 항목을 분석

하여 결과를 도출하였다. 분석결과는 80명의 인원으로 조사한 1차 조사결과와 크게 다르게 나타나지 않았다.

일상생활에서 그 사용 빈도수가 가장 큰 '-(으)ㄹ 것 같다'로 그 사용이 몰리면서 상대적으로 '-(으)ㄹ 걸(요)', '-(으)ㄹ 것이다', '-(으)ㄹ지 모르다'의 표현은 학습자에게 다소 생소하게 느껴지는 것으로 추정된다는 1차 설문조사의 추정은 200명의 설문조사에서도 대동소이하게 나타났기 때문에 2차 가설1) '사회적 영향이 언어 습관에 영향을 주어 다양한 표현의 습득을 저해한다'라는 가설은 설득력이 있다고 증명되었다.

둘째, 2차 가설2) '교재에서 추측 표현으로 비중을 두고 있지 않은 표현들은 한국어 학습자들의 추측 표현 이해능력에 영향을 미친다' 역시 '-(으)ㄹ것 같다'와 '-(으)ㄹ것 이다'에 대한 1차 설문조사와 동일한 분석기준으로 분석하였는데, 이 역시 1차 조사결과와 크게 다르게 나타나지 않았다.

2차 가설2)와 2차 가설3)의 증명 과정에서 주목할 만한 것이 있는데, 〈표 31〉의 '-(으)ㄹ것 같다'의 완곡어법 (N17)과 (N18)이다. 앞서 1차 가설2)의 증명 과정 〈표 26〉에서 TOPIK 중급자, 고급자 모두 '-(으)ㄹ것 같다'의 완곡어법 이해능력이 평균(60%)보다 낮다고 지적하며, 완곡어법의 교육필요성을 역설한 바 있다. 그런데 아래 〈표 31〉에서 보면 '한국 5년 이상 체류자'의 평균은 78%이고, '한국 5년 미만 체류자'의 평균은 24%인 것을 볼 수 있다. 50%p 이상의 차이가 나타난 것이다.

'-(으)ㄹ것 같다'에 대한 이해도의 차이가 교육받은 정도(TOPIK

중급자 고급자)의 차이에서는 미미하고, 체류기간에 따라 이해능력에 극명한 차이가 나타난다는 것은, 앞서 언급한 것처럼 '학습자들이 표현을 정확히 교육 받아 이해한 것이 아니라, 한국에 체류하면서 몸소 습득하였다'는 추론을 가능하게 하므로, '현재의 한국어교육방법이나 교재'에 보완할 부분이 있다는 것을 반증한다.

또한 2차 가설2) '교재에서 추측 표현으로 비중을 두고 있지 않은 표현들은 한국어 학습자들의 추측 표현 이해능력에 영향을 미친다'의 강력한 증거라 하겠다. 이로써 2차 가설2) 역시 설득력이 있다고 증명하였다.

셋째, 2차 가설3) '-(으)것 같다'와 '-ㄹ것이다'의 추측 표현은 교육받은 정도(TOPIK 등급)가 아닌 '한국 체류기간'에 영향을 받는다'는 본 2차 설문조사의 주 분석 대상이었다.

2차 가설3)에 대한 분석결과는 예상과 정확히 일치하는 결과를 보여주었다. 〈표 30〉과 [그림 12]의 1차 설문조사 결과와 〈표 31〉과 [그림 13]의 2차 설문조사 결과가 매우 비슷한 경향을 보이는 것을 볼 수 있다. 구체적인 분석 결과는 아래 〈표 31〉과 [그림 13] 같다.

〈표 31〉 2차 설문조사 가설3)의 결과

문항 / 한국 체류기간	–것 같다				–것이다		
	N6	N12	N17	N18	N7	N8	N9
5년 이상	96%	90%	79%	77%	74%	86%	50%
5년 미만	70%	71%	26%	22%	25%	40%	13%
평균	83%	80%	53%	50%	50%	63%	32%

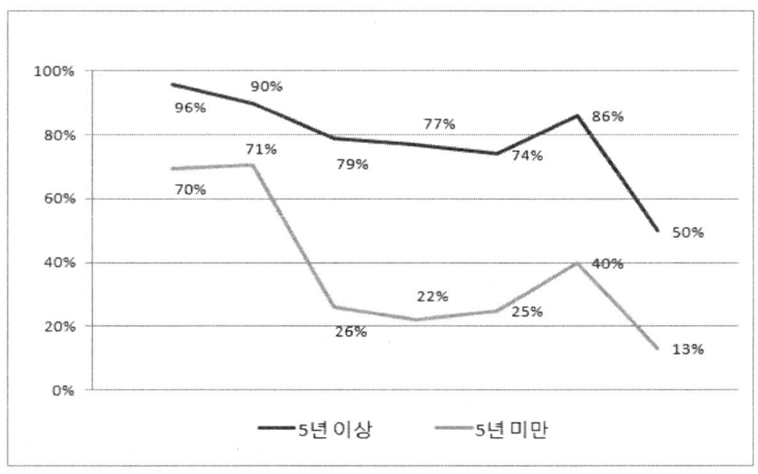

[그림 13] 2차 설문조사 가설3)의 결과

〈표 31〉과 [그림 13]에서 볼 수 있듯이 ''-(으)ㄹ 것 같다'와 '-(으)ㄹ 것이다'의 추측 표현은 '한국 체류기간'에 영향을 받는다'는 이로써 참임을 증명하였다.

2.5. 이해능력 조사 최종 결론

본서는 '학습자의 추측 표현 이해능력 조사'를 총 3번의 설문조사를 진행하여 아래와 같은 결론을 얻었다.

첫째, 사회적 영향이 언어 습관에 영향을 주어 다양한 표현의 습득을 저해한다.

둘째, 교재에서 추측 표현으로 비중을 두고 있지 않은 표현들은 한국어 학습자들의 추측 표현 이해능력에 영향을 미친다.

셋째, '-것 같다'와 '-ㄹ것이다'의 추측 표현에 대한 이해도는 한국 체류기간에 영향을 받는다.

정리하면 중국인 한국어 학습자들을 교육하는 데 있어 일상생활에 많은 비중을 차지하는 추측 표현의 교육이, 현재까지 그 교재면이나 실제 교육면에서 부족하다는 것을 알 수 있었다. 세 차례에 걸친 조사 모두에서 한국어 모어 화자와 같은 100% 정답자가 한명도 나오지 않았다는 것과, 3번 모두 60% 초반대의 정답률이 나왔다는 것은 아직까지 추측 표현의 교육이 미흡하다는 것을 보여준다. 특히 한국어 사용능력 수준에 상관없이 그 체류기간에 따라 사용능력이 좌우되는 '-(으)ㄹ 것 같다'와 '-(으)ㄹ 것이다' 등은 현재 중국인을 대상으로 한 한국어교육, 그리고 그 교재의 맹점을 그대로 보여준다 하겠다. 교재에 언급된 부분이 미흡하고, 교육면에서도 미흡한 부분이 많기 때문에 학습의 정도가 아닌 체류기간에 따라 차이가 나타나는 것이다. 교재의 수정 보완과, 교육 방식의 변화가 필요하다고 최종 결론짓겠다.

03
학습자의 사용능력 조사

본 절에서는 실제 의사소통 과정에서 학습자가 어떻게 추측 표현을 사용하는지 분석하기로 한다. 한국어교육에서 문법 교육의 최종 목적은 문법을 단지 이해를 위한 의사소통의 도구적 기능으로 활용하는 것이 아니라 맥락 속에서 문법을 적절하게 선택 사용하여 자연스러운 의사소통을 위해 효과적으로 활용하기 위한 것이다. 따라서 본서는 효과적인 한국어 추측 표현 교육을 위해 학습자의 이해능력뿐만 아니라 사용능력 조사까지 하고자 한다. 그 이유는 학습자가 교육 받은 문법 항목을 이해하였다 하더라도 실제 의사소통에서 사용하지 않거나 특정한 문법 항목만을 습관적으로 사용할 수 있기 때문이다. 또한 본서에서의 추측 표현의 사용능력 조사는 학습자의 발화 자료에서 추측 표현의 오용을 분석하는 것을 통해 살펴볼 것이다.

3.1. 조사 방법

본서에서는 학습자의 언어 자료를 수집함에 있어서 담화완성 테스트(discourse completion tests)라는 자료 수집 방법을 사용할 것이다. 담화완성 테스트는 사회적 배경, 청·화자의 신분, 나이, 성별, 등을 제공하는 상황을 짧게 묘사한 서술형 문항을 제시하고 조사자들이 빈 공간을 채워 넣게 하는 방법이다(Kasper & Dahl, 1991; 김덕영, 2003:13에서 재인용). 담화완성 테스트는 중간 언어 화용론에서 주로 사용하고 있는 방법 중의 하나이며 화행에 관한 연구를 하는데 있어서 가장 널리 사용되고 있는 자료 수집 방법 중 하나이다. 담화완성테스트를 활용한 까닭은 본서에서 연구 대상으로 선정한 추측 표현이 이해보다는 사용적 측면이 강조되는 문법 항목이며 또한 실제 의사소통 상황에서 추측 표현의 다양한 화행 기능을 수행하기 때문이다(이영, 2011:166-167).

연구의 타당성을 위하여 본서에서는 먼저 한국인 모국어 화자 10명과 중국인 한국어 학습자 10명을 대상으로 연구 대상인 추측 표현을 사용하여 다양한 화행이 이루어질 수 있는 상황 10가지를 작성하였다.

조사결과 예비조사에서의 한국인 모어 화자와는 달리 중국인 한국어 학습자들의 자료에서는 추측 표현의 형태적·의미적·화용적 오류들을 발견할 수 있었다. 실시한 예비 설문의 결과를 기초로 수정, 보완하여 본 조사에 사용하였다. 설문의 내용은 다음 〈표 32〉와 같다. 조사의 참여자는 앞 절의 '학습자 추측 표현의 이해능력 조사'에서 언급한 1차 조사자들 80명을 대상으로 하였다. 연구 절차를 자세히 제시하면 다음 〈표 32〉와 같다.

〈표 32〉 추측 표현 담화완성 테스트 상황에 주어진 문항

순번	문항
1	집에 아무도 없는 것을 추측하기
2	문화 답사 가는 날의 날씨 추측하기
3	김 교수님 결혼 여부 추측하기
4	회식 자리 거절하기
5	옷을 교환하거나 환불을 요구하기
6	어느 나라 사람인지 추측하기
7	시험에 떨어진 친구의 마음을 추측하기
8	발표문에 오타가 있을 것이라는 추측을 하기
9	민정이가 도서관에 간 것을 추측하기
10	발표 미루기를 요청하기

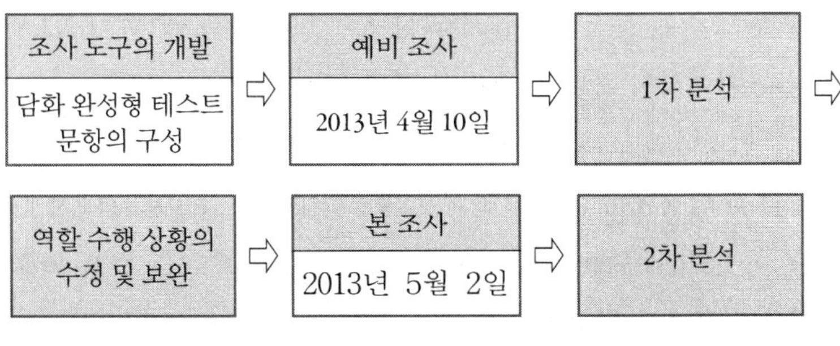

[그림 14] 사용능력 조사 절차

3.2. 사용 오류

3.2.1. 정의 및 필요성

오류에 관한 정의는 학자마다 다르게 정의하고 있다. Corder(1981)는 규칙성과 불규칙성을 기준으로 언어 수행상에 나타나는 잘못은 실수(mistake)로, 잠재 능력에서 저질러진 잘못은 오류(error)로 구분하였다. 그는 실수는 착오나 신체적 조건 하에서 또는 우연히 일어나는 잘못으로 화자가 즉시 알 수 있고, 체계적인 것이 되지 못하는 반면, 오류는 변칙적으로 나타내는 것으로 체계를 형성하는 것이라고 하였다. Corder는 오류의 식별에서 명백한(over) 오류와 명백하지 않은(cover) 오류를 구별하였다. Brown(2001)은 '원어민의 성인 문법으로부터 현저하게 일탈된 것으로 학습자의 중간언어 능력을 반영하는 것'이라고 정의하고 있다.

명백한 오류는 문장 수준에서 의심할 여지없이 비문법적인 것, 즉 '문장 수준'에서의 오류를, 그리고 명백하지 않은 오류는 문장 수준에서 문법적이지만 의사소통 상황에서는 해석이 되지 않은 것, 즉 '담화 수준'에서의 오류를 말한다고 하였다(Brown, 2001:256에서 재인용). 이정희(2003:69)는 Corder의 '담화 수준'의 오류를 좀 더 확장하여 오류 식별의 기준을 문법성과 용인 가능성으로 보고 있다. 그는 문법성(grammaticality)은 문법적으로 오류가 없는 것을 말하며 의미적으로나 형태적으로 완성된 형식을 갖추었을 때 문법성을 가지고 있다고 할 수 있으며, 용인 가능성(acceptability)은 대화 맥락이나 단화상의 연결이 자연스러운 것을 판단하는 것이라고 하였다.

외국어 문법을 배우는 일은 그 시행착오적 성격에 있어, 모어 문법 습득과정과 크게 다르지 않다. 이는 필연적이고 불가피한 과정으로, 학습자가 오류를 범하지 않고 오류의 여러 형식으로부터 얻는 것이 없다면 장기적으로 문법 습득 과정은 오히려 지체되기 쉽다. 따라서 한국어교육자들은 학습자들의 오류를 면밀하게 분석할 필요가 있을 것이다.

Corder(1967:167)는 학습자의 오류 분석을 대단히 중요한 일이라고 보는데, 왜냐하면 오류는 언어가 어떻게 학습되면서 습득되는지, 그리고 그 언어를 발견할 때 학습자가 어떠한 학습 전략이나 절차를 사용하는지에 대한 증거를 교육자에게 제공하기 때문이라고 하였다.

생성 문법에서 언어 능력(competence)과 언어 수행(performance)을 구분하듯 학습자의 잘못의 두 현상인 오류(error)와 실수(mistake) 역시 구분해야 한다. 오류는 자신이 배우고 있는 언어에 대한 언어 지식이 그 언어의 실제와 달라 범하는 것이고 실수는 알면서도 틀리는 것이다.

오류와 실수는 개념적으로 분명히 구분되므로 학습자의 오류를 제대로 파악하고 그에 대처하기 위해서 교사는 학습자의 언어를 되도록 많이 분석해야 할 것이다. 외국어로서의 한국어 학습자가 일반적으로 저지를 수 있는 오류의 변수는 모어로부터의 간섭, 목표언인 한국어 내에서의 부적응, 의사소통의 사회적·심리적 상황 등으로 나누어 볼 수 있다. 교사는 늘 학생들이 범하는 오류의 유형을 잘 분류하여 취약한 부분을 집중 지도해야 할 것이다(한재영 외 2005: 385-386).

본서의 오류 분석 대상은 특정한 문법 범주인 추측 표현이므로 형태적 접근법보다는 내용적 접근법이 용이하며 추측 표현 범주 내에서 언어의 어느 차원(형태, 의미, 화용)에서 발생한 것인가에 따라 분류하는 것이 적절하다고 판단된다. 따라서 오류는 내용적인 측면에서 어휘, 발음, 문법, 화자의 의도나 의미에 대한 오해, 잘못된 발화 효과와 산출 등에 따라 음운적 오류, 의미적 오류, 통사적 오류, 화용적 오류로 층을 나누어 분류할 수 있다. 여기에서는 담화완성 테스트로 학습자의 자료를 수집하였기 때문에 음운적 오류는 제외한다. 정리하자면 본서에서는 학습자의 추측 표현 오용 실태조사는 형태·통사적 오류, 의미적 오류, 화용적 오류로 분류하여 연구하고자 한다.

3.2.2. 오류 분석

아래 <표 33>에서 볼 수 있는 바와 같이 한국어 학습자들이 가장 많은 사용 빈도를 보인 표현은 '-(으)ㄴ/는/(으)ㄹ 것 같다'로, 총 800회의 추측 표현 사용 문장 중 425회를 발화하여, 53.1%를 차지하였다.

〈표 33〉 학습자의 추측 표현 사용 빈도

순번	추측 표현	빈도(회)	비율
1	-(으)ㄴ/는/(으)ㄹ것 같다	425	53.1%
2	-겠-	148	18.5%
3	-(으)ㄹ 것이다	99	12.4%
4	-나/ㄴ/은가 보다	97	12.1%
5	-나/ㄴ/는(으)ㄹ지(도)모르다	25	3.1%
6	-(으)ㄹ걸(요)	6	0.8%
총계		800	100%

다음으로 많은 사용 빈도를 보인 표현은 '-겠-'으로 148회 발화하였고, 18.5%를 차지하였다. 반면 '-(으)ㄹ 걸(요)'는 전체 800회의 추측 표현 사용 문장 중 6회 발화하여 가장 낮은 사용률인 0.08%를 차지하였다.

학습자들의 추측 표현의 실제 사용 중 발생된 오류는 아래에 설명한다.

3.2.2.1. 형태

1) 시제

추측 표현의 구성 요소 중에 관형사형 어미가 있는데 관형사형 어미는 추측 표현에서 시제 의미를 나타낸다. 시제의 오류는 초급자뿐만 아니라 중·고급 학습자에게서도 자주 나타난다. 그것은 한국어 추측 표현이 모든 시제 형태와 자유롭게 결합할 수 있고 하나의 시제 형태가 한 가지 시간 의미를 나타내는 것이 아니라 여러 가지 시간 의미를 복합적으로 나타내는 등 다양한 양상을 보이기 때문이다. 또한 같은 의미를 나타내는 한국어와 중국어 표현의 차이가 오류의 원인이 된다. 이에 해당하는 오류 유형 중의 하나는 시제 표현이다.

중국인 학습자들에게 시제의 오류가 생기는 원인은, 중국어에는 시간 부사와 시제 표현 문법 요소들이 없어 한국어의 문법 요소와 표현 방법에 익숙하지 않기 때문이다. 그래서 중국인 학습자들에게 한국어를 가르칠 때는, 호응 관계를 가지는 시간 부사와 시제 표현 문법 요소를 하나의 표현 항목으로 분류해서 가르쳐야만 한다. 그리고 학습활동에 활용하여야 한다. 예를 들면 학습자들은 과거 시제를 나타내는 시간 부사를 보면 동시에 과거 시제 표현 문법 요소를 떠올릴 수 있다.

(1) a. 교수님 죄송한데요, 제가 오늘 중요한 선약이 있어서 회식에 갈 수 없는 것 같아요.▶{√갈 수 없을 것 같아요}[N4][17]

b. 제가 일기예보를 들었는데 내일 비가 온 것 같은데요.▶{√올 것 같은데요} [N2]

c. 저녁에 비가 와서 아마, 내일 날씨가 추운 것 같은데.▶{√추울

17 각 예문 표현문항의 뒷부분에 자리한 [N+번호]는 '추측 표현 사용능력' 설문조사 지상의 번호를 나타낸다.

것 같은데} 옷 두껍게 입고가. {N2}

d. 죄송한데요, 며칠 전에 여기서 샀는데, 집에서 다시 입어보니까 사이즈가 안 맞을 것 같아요▶{√맞는 것 같아요} {N5}

e. 반지를 끼고 있는 걸 보면, 결혼 하는 것 같아요.▶{√한 것 같아요} {N3}

f. 반지를 끼고 있네요, 결혼 하실 것 같은데.▶{√하신 것 같은데} {N3}

g. 민정 씨가 아까 도서관 쪽으로 갈 것 같아요.▶{√간 것 같아요} {N9}

시제 어미 오류는 주로 추측 표현인'-(으)ㄴ/는/(으)ㄹ 것 같다'에서 나타나고 있다. 예문(1)은 '-(으)ㄴ/는/(으)ㄹ 것 같다'의 관형사형 어미의 시제 형태를 혼동하여 사용한 오류이다. 예문(1a), (1b), (1c,)는 '회식에 갈 수 없고', '내일 비가 오고', '내일 날씨 춥고' 등 사태의 발생 시점이 지금 추측하는 발화 시점보다 앞서 있기 때문에 미래 시제를 나타내는 '-(으)ㄹ'를 사용하여야 하는데 과거 시제나 현재 시제'-(으)ㄹ'과 '-(으)는'을 사용하여 오류가 발생하였다.

(1e), (1f), (1g)는 '반지를 끼고 있는 걸 보고 결혼했을 것이다', '아까, 도서관 쪽으로 갔다'는 사태의 결과를 추측하는 상황이기 때문에 과거 시제의 '-(으)ㄴ'를 사용하여야 하는데 현재의 '-는', 미래의 '-(으)ㄹ'를 사용하여 오류를 범하고 있다.

'-(으)ㄴ/는/(으)ㄹ 것 같다'의 경우에 오류의 양상은 추측의 상황에 맞지 않는 시제를 사용한 것이고 일반적인 상황에 대해서 추측할 때는 현재형 표현을 사용한다는 것을 일지 못한 상태에서 발화를 해서 나오는 오류들이 주류를 이루었다고 볼 수 있다. 초급에서는 어려울 수 있지만 중급에서는 '-(으)ㄴ/는/(으)ㄹ 것 같다'의 쓰임에 대해서도 소개해 주는 것이 좋을 것으로 판단된다. 그리고 과거의 추측을 나타내는 표현 중에서 보다 확실하고 직접적인 근거에 미루어 강한 확인을 가지고 추측을 하는 '-(으)ㄴ 것 같다'와 막연하게 혹은 간접적인 근거로 추측하는 '-았/었을 것 같다'의 의미 차이에 대해서도 언급을 한다면 한국어 학습자들이 더 정확하게 추측 표현을 사용할 것으로 보인다.

따라서 맥락에서 시간을 나타내는 어휘와의 관계, 그리고 발화 시점과 사태 시점, 인식 시점과의 관계를 통해 정확한 시간 의미를 이해시키고, 스스로 발화문에서 시제 오류를 찾아 수정하도록 하는 것이 오류를 줄이는 방법이 될 수 있을 것이다.

상기한 오용문장들은 외국인 한국어 학습자들이 '-(으)ㄴ/는/(으)ㄹ 것 같다'의 관형사형 어미의 시제 형태를 혼동하여 사용한 오류이다. 따라서 추측의 상황에 맞는 시제를 사용할 수 있도록 각 추측 표현의 형태적 결합 형식에 대한 충분한 제시가 필요할 것이다. 이 뿐만 아니라 과거 상황에 대한 추측을 하는 경우, 관형사형 어미에 의한 혹은 과거 시제에 의한 표현이 다 가능하나 미세한 의미 차이가 있으므로 화자의 표현 의도에 맞게 사용할 수 있도록 그 둘 간의 의미 차이를 자세히 설명해 줄 필요가 있다.

2) 인칭

인칭의 제약이 중국어 체계에 거의 존재하지 않기 때문에 중국인 학습자들은 이에 대한 이해가 부족하고 쉽게 오류를 일으킬 수 있다.

(2) a. 입어보니 나한테는 이 옷이 좀 크겠어요.▶{√ 큰 것 같아요} {N5}

b. 제 실력이 아직 안 되겠어요.▶{√되는 것 같아요} {N1}

예문(2a), (2b)는 표현 '-겠-'과 '-(으)ㄹ 것 같다'를 혼동하는 오류이다. '-겠-'은 1, 2인칭에서는 동작동사와 결합하여 추측의 문장을 만들 수 없다는 통사적 제약이 있다. '크겠어요'를 쓴 학습자는 '-겠-'에 추측의 의미가 있는 것은 알지만 세부적 통사적 제약에 대해 잘 모르는 것을 알 수 있다.

3.2.2.2. 의미

1) 모국어의 영향

모국어의 영향으로 인한 오류는 오류의 중요한 원인이라고 할 수 있다. 모국어의 영향으로 발생된 오류는 모국어의 체계나 특징이 목표어에 반영되어 나타난 부정적인 전이를 말한다. 모국어의 영향에 의한 오류는 제2언어 학습자의 초기 단계에서 특히 많이 나타나는 오류 유형이기 때문에 중·고급 학습자를 대상으로, 그리고 특정 문법 영역의 오류를 분석하기 위해 수집된 본서의 사료에서는 많이 나타나지 않았다. 중국인 중·고급 학습자의 추측 표현의 사용에서 모국어로부터의 부정적 전의는 주로 모국어의 표현을 그대로 적용하여 생긴 오류와, 한·중 양국 언어의 의미적 대응 관계를 잘못 유추하여 생긴 오류가 대부분이었다.

앞에서 언급한 대로 한국어와 중국어의 추측 표현의 의미적 대응 관계(Ⅱ장 4.3절)에서 중국어의 조동사에는 하나의 형태가 여러 가지 의미를 나타내는 다의적 조동사가 많음을 확인하였다. 즉 중국어의 다의적 조동사는 한국어에서 여러 가지 의미 영역의 추측 표현에 대응된다. 그러나 학습자는 그 중의 한 가지 대응 관계만을 알고 있는 상태에서, 그것을 대응되는 다른 의미에도 적용하여 오류가 생기는 경우가 있었다.

(3) a.*옷을 집에서 입어봤는데 많이 크나 봐요. 작은 사이즈로 바꿔 줄 수 있어요? [N5]

a'. (我在家试穿了一下这件衣服，好像太大了。能给我换小号的吗?)

b. 교수님 저 오늘 일이 있어서 회식자리에 갈 수 없나 봐요. [N4]

b'. (教授.因为今天我有事，所以好像不能参加聚会。)

중국어에서 추측 의미를 표현하는 조동사는 한국어 추측 표현과 완전히 일대일로 일치하지 않는다. 예를 들자면 중국어의 조동사 '好像'은 한국어의 추측 표현 '-(으)ㄹ 것 같다'와 '-ㄴ가/보다'에 동시에 대응된다. 위의 (3a), (3b) 오류문에서는 중국어로 각각 (3a') '我在家试穿了一下这件衣服，好像太大了。能给我换小号的吗?', (3b') '教授. 因为今天我有事，所以好像不能参加聚会.'이라고 번역되는데 (3a')에서 '好像'은 어떤 상황이나 사실을 보고 그것으로 미루어 다른 동작이나 상태를 짐작, 추측하는 것이 아니라, 추측 표현의 화용적 의미로 나타난 것이기 때문에, 이때는 한국어 추측 표현 '-(으)ㄹ 것 같다'에 대응된다. (3b') 또한 '교수님 저 오늘 일이 있어서 회식자리에 갈 수 없나 봐요.'를 중국어로 '教授。因为今天我有事，所以好像不能参加聚会。'이라고 번역할 수 있는데 이때에 '好像'은 완곡한 거절 의미의 한국어 '-(으)ㄹ 것 같다'에 해당된다. 이처럼 학습자들은 한국어와 중국어의 추측 표현의 의미적 대응 관계를 잘못 유추하여 오류를 범하였다. 이러한 오류에 대해서는 다의적 추측 표현을 중심으로 양국 언어의 의미적 대응 관계에 대하여 명확히 설명해 줄 필요가 있을 것이다.

(4) a. 민정 씨가 방금 도서관 방향으로 가던데, 아마 도서관에 가겠어요.▶{√갔을 거예요}.[N9}

(我刚才看见 民正往图书馆的方向走了，应该去图书馆了。)

b. 제가 외국인이라 쓴 발표문에 오타가 아마 많겠어요.▶(많이 있을 거예요.) 선생님께서 좀 봐 주시겠어요? [N8}

(因为我是外国人，所以写的发表稿里应该会有很多错字，老师您能帮我看看吗?)

또한 한·중 양국 언어의 의미적 대응 관계를 잘못 유추하여 생긴 오류가 있었는데, 중국어 양태 조동사 '应该'의 의미는 한국어 '-겠-'과 '-(으)ㄹ 것이다'를 통해 나타낸다. 추측 표현의 확신의 정도를 구별할 때 특정 어휘와의 공기 관계를 통해서 구별할 수 있다. '-겠-'과 '-(으)ㄹ 것이다'는 문장에서 특정한 부사와의 공기 관계를 통해 그것들의 의미적 차이를 쉬게 구별할 수 있다. 한국어 양태 부사 '아마'는 보통 추측 표현 '-(으)ㄹ 것이다'와 공기해서 단순한 주관적 판단을 내타낼 때 쓰인다. 반면, '-겠-'은 보통 '틀림없이', '분명히' 등 양태 부사와 공기하면서 명제에 대한 강한 확신을 나타낸다.

2) 추측 표현 의미의 모호

추측 표현 간의 의미적 차이를 잘 알지 못하여 생긴 오류에는 주로 판단에 쓰이는 '-(으)ㄹ 것 같다'와 객관적 판단의 쓰이는 '-(으)ㄴ가/는가/나 보다'를 혼동하여 생긴 오류가 있었다.

(5) a. 죄송합니다, 제가 입학한지 얼마 안돼서 아무래도 이번에 제가 발표하기 좀 <u>힘드나 봐요.</u>▶{√힘들 것 같아요} [N8]

b. 선생님, 이게 제가 쓴 발표문이에요. 틀린 부분 좀 봐 주시겠어요? 오타 많이 <u>있나 봐요.</u>▶{√있을 거예요, 있을 거 같아요} [N8]

학습자들이 명제의 사태에 대하여 추측하는 상황에서 가장 많이 쓴 것은 확신의 정도에서 주관적 판단에 두루 쓰이는 '-(으)ㄴ 것 같다'였다. 그러나 객관적 판단을 나타내는 '-(으)ㄴ가/는가/나 보다'도 가끔씩 사용하였는데, 이때에는 주관적 판단의 '-(으)ㄴ 것 같다'와 혼동하여 사용하는 경우가 있었다.

예문(5a)는 입학한 지 얼마 안돼서 이번에 발표하기가 힘들 것이라고 추측하는 상황이며, (5b)는 자신의 쓴 발표문에 오타가 많을 것이라고 추측하는 상황이다. 이때에는 두 사태 모두가 화자 자신의 사태이며 판단의 주체가 제3자 아닌 화자 자신이므로 주과적인 서술 태도를 나타내는 '-(으)ㄴ 것 같다'를 사용하는 것이 적절하다. 그러나 학습자들은 객관적 서술 태도를 나타내는 '-(으)ㄴ가/는가/나 보다'를 사용하는 오류를 범하고 있다.

(6) a. 민정 씨가, 이번 시험에 또 떨어졌어요? 민정 씨가 많이 슬플 거예요. ▶{√슬프겠어요} [N7]

b. 글쎄, 김 선생님은 아마 결혼을 하셨겠어요.▶{√하셨을 거예요} [N3]

c. 오늘도 이렇게 추운데 아마, 내일도 춥겠어요.▶{√추울 거예요} [N2]

또한, 예문(6a), (6b), (6c)처럼 중국인 학습자들이 '-(으)ㄹ 것이다'와 '-겠-'에 혼동을 느껴 잘못 쓰이는 경우가 많았다. '-(으)ㄹ 것이다'는 추측의 표현으로서 '아마'와 같은 부사어가 덧붙여질 때 그 의미를 확실히 드러낼 수 있다. 이와 반면, '-겠-'은 부사 '아마'와 함께 쓰게 되면 어색한 문장이 된다. 학습자들이 '-(으)ㄹ 것이다'와 '-겠-'에 대한 이런 구별하는 기준을 인식하지 못해서 오류를 범하고 있었다. 두 표현 모두 추측 표현인데 '-(으)ㄹ 것이다'는 어떤 행위를 하겠다는 강한 의지를 나타내고 '-(으)ㄹ 것 같다'는 화자가 미래의 일에 추측함을 나타낸다.

이러한 유의적 표현들을 혼동하여 생긴 오류는 그것들의 변별적 차이를 적절한 예문과 함께 명시적으로 교육하지 않은 데서 비롯되었다고 할 수 있다. 따라서 학습한 문법 항목과의 비교를 통해, 혹은 문법 습득의 일정한 단계에서 의미·기능을 중심으로 하는 표현 범주 학습[18]이 이루어지는 것이 이러한 오류를 해결하는 좋은 방법이 될 것이다.

3) 확신 정도의 모호

(7) a. 내 생각으로는 그 사람이 일본 사람이겠다.▶{√인 것 같다} {N6}

b. 제가 보기에는 선생님이 결혼을 하셨겠어요.▶{√하신 것 같아요} {N3}

---

18 의미·기능 중심의 범주 학습에 대한 논의는 방성원(2003)에서 연구된 바가 있다. 그는 문법 학습의 완성 단계인 고급 단계에서는 학습자에게 개별 문법 항목을 중심으로 교육하기보다는 의미·기능 범주를 중심으로 통합 교육을 하는 것이 바람직하다고 하였다. 그가 제시한 의미·기능 중심의 범주에는 단위 표현, 판단 표현, 회상 표현, 인용 표현, 사동 표현 등이 있다.

위의 예문(7)을 보면, '내 생각으로는', '내가 보기에는'의 텍스트와 적절하게 어울리는 것은 '-(으)ㄹ 것 같다'이다. '-(으)ㄹ 것 같다'는 주관적 가치판단의 개입이 높은 표현이기 때문에 화자의 주체적인 판단이라는 뜻을 갖고 있다. 동시에 '-겠-'은 '내 생각으로', '내가 보기에는'이라는 텍스트와 어느 정도 호응은 하지만 자연스럽지는 못하다. '-겠-'은 주관적 가치판단의 개입은 높은 편이지만 그것이 논리적인 인과관계를 갖지 못하고 발화하는 순간의 판단에만 치중하기 때문이다. 위의 예문 '내 생각으로는 그 사람이 일본 사람이겠다'와 '내가 보기에는 선생님이 결혼을 하셨겠어요'는 '내 생각으로는 그 사람이 일본 사람인 것 같다'와 '내가 보기에는 선생님이 결혼을 하신 것 같아요'로 수정하면 정확한 문장이 된다.

3.2.2.3. 화용

다음의 예문들은 문법적으로 아무런 문제가 없지만 추측 표현의 완곡어법 즉 공손의 기능을 사용하지 않아 대화에서 어색함을 유발하는 상황이다. 중급이상의 학습자들은 현실적인 언어 환경에 많이 노출되어 있다. 한국어 모어 화자들은 일상생활 언어에서 자신의 느낌이나 생각을 말할 때 추측의 '-(으)ㄹ 것 같다'를 무분별하게 많이 사용한다. 이는 자신의 판단을 완곡하게 나타내기 위한 것인데 과도하게 사용하면 어색함을 불러일으킬 수 있다.

(8) a. 몇칠▶{√며칠} 전에 여기에서 이 옷을 샀는데 집에 가서 다시

입어보니까 <u>사이즈가 좀 커요</u>▶{√큰 것 같아요}. 환불할 수 있어요? [N5]

b. 교수님 저는 오늘 일이 있어서 회식에 <u>참석 못해요.</u>▶{√못 할 것같아요} [N4]

c. 기간이 너무 짧아서 이번에 <u>발표 못해요.</u>▶{√못 할 것 같아요} [N10]

예문 (8a)에서는 산 옷이 사이즈가 맞지 않음을 나타내면서 청자에게 환불해 줄 것을 요구하는 맥락이다. 이때 옷에 대한 불만을 나타내면서 '-(으)ㄹ 것 같다'를 사용하면 자신이 이 옷에 대한 부정적인 판단을 우회적으로 나타내면서 듣는 청자의 체면을 최대한 배려할 수 있다. 환불을 요구하는 상황에서 자신의 뜻을 단정적인 표현으로 사용하여 명확히 입장을 밝히는 것이 의사소통 목적을 달성하는 데 더 유리할 것이다. (8b), (8c)는 추측 표현의 완곡어법을 사용하여 공손하게 거절을 표현해야 하는 경우지만, 단정적인 표현을 사용함으로 인해 문맥상 부자연스러운 것을 볼 수 있다.

3.3. 추측 표현 사용 빈도 비교

〈표 34〉는 한국인들과 한국어 학습자들의 추측 표현 사용 양상을 앞서 언급한 21세기 세종계획의 말뭉치 자료와 담화완성 테스트 자료의 분석을 통하여 비교해 본 것이다.

〈표 34〉 모어 화자와 한국어 학습자들의 추측 표현 사용 빈도 비교

순번	추측 표현	모어 화자의 사용 빈도(회)		한국어 학습자들의 사용 빈도(회)	
1	-(으)ㄴ/는/(으)ㄹ것 같다	841	43%	425	53.1%
2	-겠-	790	40%	148	18.5%
3	-나/ㄴ/은가 보다	164	8%	97	12.1%
4	-(으)ㄹ 것이다	51	3%	99	12.4%
5	-나/ㄴ/는(으)ㄹ지(도)모르다	42	2%	25	3.1%
6	-(으)ㄹ걸(요)	75	4%	6	0.8%
합 계		1,974	100%	800	100%

한국인과 한국어 학습자들의 추측 표현 사용 양상은 그 사용 빈도의 순위에서는 동일하였으나, 그 비중에서 차이를 보였다. 한국인의 '-(으)ㄴ/는/(으)ㄹ것 같다' 사용 빈도 비중이 43%인 반면, 중국인 학습자의 사용 빈도는 53.1%로 10%p 이상 중국인 학습자의 사용 빈도 비중이 높은 것을 볼 수 있다. '-겠-'에 대해서는 이와 반대로 한국인이 40%, 중국인 학습자가 18.5%의 사용 빈도 비중을 나타내며 크게 역전이 되는 것을 볼 수 있는데, 본서에서는 이러한 현상의 이유를 두 가지 측면에서 찾아보고자 한다.

첫째 '-(으)ㄴ/는/(으)ㄹ것 같다'는 '-겠-'보다 문법적인 제약 사항이나 의미의 제약이 적기 때문에 한국어 학습자들이 많이 사용한 것으로 보인다. '-겠-'의 경우는 인칭에 따라서 그 의미가 '추측'이 아닌 '의지'가 될 수도 있다. 이러한 제약 사항이 '-(으)ㄴ/는/(으)ㄹ것 같다'보다 많기 때문에 한국어 학습자들은 '-겠-'을 더 적게 사용하는 것으로 보인다.

둘째, '-겠-'은 '-(으)ㄴ/는/(으)ㄹ것 같다'에 비해서 확실성의 정도가 강하기 때문에 확실성의 정도가 보통인 '-(으)ㄴ/는/(으)ㄹ것 같다'가 한국어 학습자의 입장에서는 훨씬 사용하기에 편할 것이라 판단할 수 있다. 이러한 이유들로 인해 한국어 학습자들은 '-(으)ㄴ/는/(으)ㄹ것 같다'를 가장 많이 사용하는 것으로 보인다.

한편 하위 빈도를 차지한 '-나/ㄴ/은가 보다', '-(으)ㄹ 것이다', '-(으)ㄴ/는/(으)ㄹ지도 모르다', '-(으)ㄹ걸(요)'의 사용 빈도 비중은 한국인들과 한국어 학습자들 모두 비슷하게 나타났다. 그러나 한국인들은 '-(으)ㄹ 것이다'와 '-(으)ㄴ/는/(으)ㄹ지도 모르다'를 사용한 빈도가 비슷한 반면에 한국어 학습자들은 '-(으)ㄹ 것이다'를 '-(으)ㄴ/는/(으)ㄹ지도 모르다'에 비해 4배 가량 더 많이 사용하였다. 이는 '-(으)ㄹ 것이다'가 한국어 교재에서 보통 초급에서 제시되는 것에 비해 '-(으)ㄴ/는/(으)ㄹ지도 모르다'는 보통 중급부터 제시되고 있기 때문에 나타난 결과라 생각된다. '-(으)ㄹ 것이다'를 먼저 배우기 때문에 한국어 학습자들에게 더 익숙했을 것으로 판단된다.[19]

마지막으로 '-(으)ㄹ걸(요)'는 한국인들과 한국어 학습자들 모두에게 가장 낮은 사용 빈도로 나타났다. 한국어 학습자들에게 있어 '-(으)ㄹ걸(요)'는 중·고급 이상의 단계에서 배우는 표현으로 다른 추측 표현에 비해 노출의 빈도가 낮았을 것으로 보인다. 추측 표현의 사용능력 조사 자료 담화 완성 테스트 분석 결과에서도 '-(으)ㄹ

19 이처럼 전기호(2006:397)는 "한국어 교육의 학습 현장에서는 지속적으로 새로운 표현을 배워도 같은 의미라면 먼저 배운 것만을 사용하고 차후 학습한 유사한 표현은 잘 쓰지 못하는 경우를 자주 본다."라고 하였다.

걸(요)'는 6회만 사용되었다. 담화완성 테스트 자료를 다시 한 번 검토해 보았는데 '-(으)ㄹ걸(요)'를 사용한 한국어 학습자는 한국 체류 기간이 대부분 8년 이상이며 한국어 능력시험 6급 이상의 한국어 전공자들이었다. 조사 인원군 중 고급 등급으로 분류할 수 있다. 그 학습자들은 다른 한국어 학습자에 비해 다양한 한국어 추측 표현을 사용하고 있었다. 그러므로 다양한 추측 표현을 사용할 수 있는 능력은 한국어 학습자의 한국어 익숙도와 관련이 있는 것으로 보인다.

3.4. 사용능력 조사 최종 결론

한국어 학습자 추측 표현의 사용능력 조사 결과를 정리하자면 한국어 학습자들은 대체적으로 각 상황에 맞는 추측 표현을 사용하기는 하였으나, 그 쓰임이 완벽하지는 않았다. 특히 '-(으)ㄹ 것 같다'의 사용 빈도가 가장 높은 이유는 비슷한 시기에 배우게 되는 '-겠-'이나 '-(으)ㄹ 것이다' 그리고 '-(으)ㄹ 걸(요)' 등 다른 추측 표현과 비교했을 때 추측의 의미 이외에 의지, 의도, 후회와 같은 다른 뜻이 없기 때문으로 보인다. 이는 학습자 개인의 언어적 선호도에 의한 것이라기보다 유사한 표현의 차이를 잘 알지 못하거나, 차이를 알더라도 실제로 느끼지 못해서 일어나는 현상이라 생각한다. 사용 빈도만큼 오류도 다른 표현에 비해 더 많이 나타났다.

본서에서 한국어 학습자의 추측 표현 사용능력 조사를 통해 다음과 같은 사실을 알 수 있다.

첫째, '-(으)ㄹ 것 같다'는 사용 빈도가 높은 만큼 오류도 다양하게 나타났다. 특히 '-(으)ㄴ/는/ㄹ 것 같다'의 의미에 담겨 있는 담화 상황별 시제를 잘 구별하지 못한다.

둘째, '-겠-'과 '-(으)ㄹ 것이다'의 추측 표현에서는 모두 의미의 오류만 나타났다.

셋째, '-니/ㄴ/은가 보다'의 사용 오류는 주로 모국어를 잘못 유추해서 나타냈다. 또한 동사와 형용사에 따라 활용형이 다르다는 것을 혼동한 형태의 오류가 보였다.

넷째, '-(으)ㄹ걸(요)'는 의미와 용법을 잘 이해하지 못하므로 사용 빈도가 낮았다.

제5장

추측 표현의 교수·학습 방안

한국어 추측 표현 교육 연구

본 장에서는 4장에서 살펴본 학습자들의 추측 표현에 대한 '이해능력' 조사와 '사용능력' 조사 연구 결과를 토대로 추측 표현의 교수·학습 방안을 마련하고자 한다. 한국어 추측 표현 교육은 '단순히 의미를 이해하는 것에서 끝나는 것이 아니라, 학습자가 추측 표현의 의미를 이해하여 실생활에서 활용하고, 나아가 문장의 맥락에 따라 적합한 추측 표현 항목을 스스로 사용할 수 있는 적극적 활용의 기반을 마련하는 과정까지 포함'한다. 이를 위해 교육 내용을 '이해'와 '사용'의 측면으로 나누어 이해 측면에서는 추측 표현을 전면적으로 이해하기 위해 어떤 방법이 필요하며, 그 방법이 효과적으로 수용되기 위해서는 어떤 인식 활동이 필요한지에 대하여 고찰할 것이다. 그리고 사용 측면에서는 추측 표현을 적절한 상황에서 자동적으로 사용하기 위해서 어떤 산출 단계를 거친 생성 활동이 필요한지에 대하여 살펴보고자 한다.

01
교수·학습 방안 설계

1.1. 교수·학습 목표 설정

문법 교육은 한국어 학습자의 의사소통 능력을 높일 수 있도록 효율적으로 행해져야 한다. 이는 문법 교육을 통하여 언어교육의 목표인 언어 사용의 유창성과 정확성을 확보할 수 있어야 한다는 것이다. 문법은 언어의 규칙이라는 점에서 문법 교육은 목표어의 언어 규칙을 이해하고 실제 의사소통에 사용함으로써 생산을 할 수 있게 해주는 것임에는 분명하다. 그러나 목표어의 문법 규칙을 이해하기 위해서는 많은 시간과 노력이 필요하다. 또한, 학습자가 목표어에 대한 문법적 지식을 풍부하게 가지고 있다하더라도, 그 지식이 언어의 생산으로 그대로 이어지는 데에는 많은 어려움도 있다. 그러므로 문법을 교수할 때에는 이러한 점을 절대로 무시하면 안 된다. 문법 지식을 실제 의사소통 상황에서 생산할 수 있도록 교수하여야 할 것이다. 이 절에서는 Ⅳ장에서 살펴본 학습자들의 추측 표현에 대한 '이해능력 조사'와 '사용능력 조사'의 연구 결과를 토대로 의사소통 접근법에 근거하여, 추측 표현의 교육 목표를 설정하였는데, 학습자들이 추측 표현의 의미를 정확히 이해하고 상황에 따라 적절하게 자동적으로 사용할 수 있도록 사용능력을 향상시키는 것이 그 목표이다.

〈목표 1〉 효과적인 추측 표현 문법의 이해 능력을 향상시킨다.
〈목표 2〉 효과적인 추측 표현 문법의 사용 능력을 향상시킨다.

1.2. 교수·학습 접근법

문법 교육을 하는 이유는 교수·학습 목표를 더 유창하고 정확하게 학습하기 위해 의사소통 능력을 향상시키고자 하기 위한 것이다. Hymes에서 비롯된 의사소통 능력의 개념은 다시 여러 학습자들에 의해 다양한 정의가 내려지기도 하였다. Canale & Swain(1980: 1-47)과 Canale(1983:2-27)은 의사소통 능력이 문법적 능력(Grammatical Competence), 사회 언어적 능력(Socio-linguistic Competence), 전략적 능력(Strategic Competence), 담화 능력(Discourse Competence) 등 네 가지 요소로 구성된다고 보았다(김영만 2005:92).

의사소통식 교수법은 언어의 의사소통 기능과 사용을 중시하는 교수법으로 '기능적/의미적' 교수법이라고도 부른다. 1970년대에 이르러 외국어 교육계에서는 학습자들이 실제 의사소통 상황에서 외국어를 사용하는 능력이 부족한 것이 중대한 문제로 지적되었다. 그 후 언어교수 학자들은 언어 구조와 어휘가 아닌 의사소통적 측면을 강조하게 되었다(김재욱 2010:96). 완벽한 의사소통을 하기 위해서는 위의 네 가지 요소가 종합적으로 길러져야 한다는 Canale의 주장 중에는 문법적 능력도 포함되어 있는데, 문법적 능력이 의사소통 능력을 기르는 데에 필수적인 요소라는 것이다. 그렇기 때문에 우리가 언어교육을 할 때 문법 교육을 등한시 할 수는 없는 것이다.

한편, Nunan(1988)은 의사소통식 교수법의 특성을 다음과 같이 제시하였다.

① 목표어를 메타언어(metalanguage)로 사용하여 의사소통 능력을 높인다.
② 실제 상황을 언어학습에 활용한다.
③ 학습자로 하여금 언어 자체만이 아니라 학습과정에도 주의를 기울이게 한다.
④ 학습자의 개인적 경험을 향상시키는 것이 학습 과정에 중요한 역할을 한다.
⑤ 학급에서의 언어 학습을 교실 밖 실제 상황의 언어사용과 연결시킨다.

이처럼 의사소통식 교수법은 학습자의 요구에 따라 의사소통 기능 중심으로 교수요목을 구성하여 필요한 의사소통 능력을 기르게 한다. 즉, 학습자 중심으로 교수요목을 작성하고 학습자들이 말하고자하는 의미를 효과적으로 전달하는 기술과 전략을 배우게 하며 많은 경험을 갖도록 수업을 유도한다. 또한, 이 교수법은 학습자를 학습 과정에 참여시킴으로써 높은 동기 부여를 가능하게 하며 학습에 도움이 되는 학습자 자신의 경험을 의사소통의 소재로 삼게 하여 유의미한 학습을 가능하게 한다(김재욱 외2010:103). 본서에서는 중국인 한국어 학습자의 한국어 추측 표현 '이해능력'과 '사용능력'을 향상시키는 것을 목표로 교육 방안을 제시하고자 한다.

1.2.1. 이해능력 향상을 위한 교수·학습 내용

한국어는 문법적 형태가 많은 언어로 문법 교육이 중요하며 특히 유사한 문법 표현들은 정확한 제시가 없을 경우 고급의 학습자들도 오류를 일으킨다. 이는 본서 Ⅳ장 2절의 '학습자 추측 표현의 이해능력 조사 결과'를 통해서 본 바와 같다. 본 절에서는 앞서 학습자들의 추측 표현 이해능력 조사 결과를 바탕으로 추측 표현을 효율적으로 가르칠 수 있는 교수 방안을 제시하고자 한다.

본서는 한국어교육에서 '추측 표현'이 지니는 중요성과 필요성은 이미 앞에서 언급했다. 이 절에서는 한국어 추측 표현 의미의 정확한 이해 방법을 연구해 보고자 한다.

첫째, 구조 분석을 통해 추측 표현 의미의 정확한 이해 방법을 살펴보고자 한다. 추측 표현은 일반적으로 관형사어미와 중심어의 결합으로 구성되었다. 관형사어미에는 시제를 나타내는 '-(으)ㄴ, -는, -(으)ㄹ', 중심어에는 의존 명사 '것, 지, 나', 의존 용언 '보다, 이다', 용언 '모르다, 같다' 등이 있다. 이와 같은 추측 표현 문항들의 구성요소에 대한 비교 분석을 통해 유의적 표현 간의 변별적 차이를 이해할 수 있다. 또한, 추측 표현은 문법 항목이 많고 그 수만큼이나 미세한 의미의 차이를 갖고 있다. 이러한 추측 표현들의 의미를 구별하여 사용해야 하는 것은 학습자들에게 쉬운 일이 아니다. 표현의 구성 요소들의 의미를 정확히 파악한다면 유의적 표현 간의 비교에 도움이 될 것이다. 먼저, '-(으)ㄹ 것 같다'를 보면, 중심어 '같다'는 명제 내용과 화자가 예측하는 내용이 동일함을 나타내는 등식 술어이다. 등식 술어 '같다'는 아직 확인되지 않은 명제 내용을 서술 대상으로 할 때, '가정적 동일성'(중국어에서 '동일성'은 '同一, 一样, 同样'으로 해석할 수 있다)의 의미를 나타내는데 이때 가정하는 주체는 화자가 된다. 이밖에 추측 표현 '-(으)ㄴ가 보다' 역시 중심어인 '보다'는 '눈으로 대상의 존재나 형태적 특징을 알다'를 뜻하기 때문에 객관적인 관찰을 전제로 시각적 근거가 필수적임을 추리해 볼 수 있다. 따라서 판단 근거가 시각을 통한 지각 경험이므로 확실성 정도에 있어 '-(으)ㄹ 것 같다'보다 주관성 정도가 약하고 객관적 판단 태도를 나타냄을 추리할 수 있다.

상술한 분석 내용을 통해 교사는 조금씩 앞으로 나아가면서 단계화된 질문을 통해, 그리고 이를 확인할 수 있는 적절한 예문을 통해 학습자에게 충분히 수용될 수 있도록 교수하여야 한다. 예를 들자면, 교사는 ''-(으)ㄹ 것 같다'의 구성 요소에는 어떤 것이 있는가? 중심어는 무엇인가? 중심어인 '같다'는 각각 어떤 의미를 나타내는가? 중국어로 대응되는 단어는 무엇인가? 그리고 '-(으)ㄴ가 보다'의 중심어는 무엇인가? 판단 근거는 지각(시각) 경험인 객관적 근거인가 아니면 화자의 생각인 주관적 근거인가?' 등 점진적으로 단계화된 질문을 통해 학습자들이 머릿속에서 해당 표현의 의미적 요소들을 하나씩 축적하여 그 규칙들이 형성될 수 있도록 하여야 한다.

둘째, 특정 어휘와의 공기 관계를 통해 추측 표현 의미를 정확히 이해시킨다. 김민애(2006:178)는 고급 단계 학습자들이 산출해 낸 문장에서 광범위하게 등장하는 문법적 문제는 호응이 이루어지지 않는 문장들로서 이는 통사적 오류라고 하였다. 실제로 5장 2절에서 특정 부사와의 공기로 판단 근거나 확실성 정도를 추리할 수 있는 문항에서 학습자들은 비교적 낮은 이해능력을 보였고, 5장 3절의 추측 표현의 사용능력 조사에서도 공기 관계를 무시하여 오류가 발생하는 경우가 있었다(추측 표현 의미의 모호). 따라서 추측 표현과 특정 어휘, 문형과의 공기 관계를 명시적으로 교육하는 것은 난해한 표현의 이해에 도움을 줄 수 있고 오류를 줄일 수 있는 방법이 될 수 있을 것이다.

특정 어휘와의 공기 관계를 통해 추측 표현을 구별할 수 있는 경우를 살펴보고자 한다. 학습자에게 어려운 문법 항목으로 인식되는 추측 표현은 앞에서 살펴본 것처럼 표현들의 구성 요소에 대한 분석을 통해서 구별할 수 있을 뿐만 아니라 특정 부사, 동사와의 공기 관계를 통해 그것들의 의미적 차이를 쉽게 이해할 수 있다. '-(으)ㄹ 것이다'를 보면, '틀림없이, 분명히(중국어의 准, 肯定)' 등 부사와 공기하면서 명제에 대한 높은 확신을 나타낸다. 반면, '-(으)ㄹ 지 모르다'는 문장에서 지각 가능성이 아닌 추론 가능성을 나타내는 추정 부사 '혹시, 어쩌면(중국어의 也许, 或许)'과 공기 할 수 있기 때문에 확실성 정도가 낮음을 추리할 수 있다. 이밖에 '-(으)ㄴ/는/(으)ㄹ 것 같다'

는 주관적인 판단을 나타내는 '왠지, 어쩐지(중국어의 怪不得, 难怪)' 등은 부사와 잘 어울린다. 이처럼 이해하기가 상대적으로 어려운 추측 표현은 특정 부사, 어휘와의 공기를 통해 표현들 간의 의미적 차이를 쉽게 이해시킬 수 있다. 상술한 분석 내용을 교사는 아래와 같은 적절한 예문을 통해 학습자에게 표현의 의미를 추리할 수 있도록 하여야 한다.

- 이번 일은 틀림없이/ 분명히 잘 될거야. ⇒ 강한 확신 ⇒ 확실성 정도가 강함.
- 이번 일은 왠지 잘 될 것 같아. ⇒ 직관, 느낌 ⇒ 확실성 정도가 상대적으로 약함.
- 혹시/어쩌면 이번 일은 잘 될지도 몰라 ⇒ 가능성이 반반 ⇒ 확실성 정도가 낮음.

셋째, 발화 의도와 발화 상황을 통해 표현의 적절성을 이해시킨다. 화자는 모든 경우에 특정한 의도를 갖고 발화하는 것은 아니다. 그러나 의사소통 목적을 달성하기 위해, 그리고 그 목적을 실현하기 위해 복잡한 전략 사용이 요구되는 경우에는 자신의 발화 의도에 맞게 더 적절한 언어 표현을 선택하여 사용할 수 있다. 또한 대화 상대방의 발화를 수용하는 입장에서도 상대방의 발화 의도를 오해하는 경우가 있을 수 있다. 의사소통 상황에서 화자의 의도를 드러내는 언어적 표현 방식에는 여러 가지가 있는데 추측 표현은 그 중의 한 가지 방식이다.

엄녀(2009:140)에 따르면 발화가 진정한 의미를 가지기 위해서는 수많은 '적절한 상황'에 종속되어야 한다. 즉, 추측 표현은 특정한 발화 상황에서 화자의 발화 의도를 나타내는 언어적 장치로 활용된다.

그렇다면 어떠한 발화 상황에서 화자가 어떤 의도로서 추측 표현을 활용하는지를 살펴보기로 한다. 화자는 윗사람이나 친밀하지 않은 대화 대상에게 자신의 주장이나 의견을 '제안'하거나 상대방의 요구를 '거절'할 때, 또한 상대방의 의견에 '반박' 하거나, 이러한 상황에서 불확실한 추측 표현을 사용하여 '자신의 의견을 완곡하게 제시'하며, 자신의 잘못이나 실수를 '사과'하거나 '인정'하는 상황에서 역시 추측 표현을 사용하여 자신의 행위로 인한 '책임을 회피'하고자 한다. 또한 상대방에게 도움을 '요청'하거나 상대방의 잘못이나 실수를 '지적'하는 상황에서는 추측 표현을 사용하여 상대방의 '체면 손상을 완화'시킨다. 이러한 추측 표현의 화용적 기능은 한국어교육에서 반드시 다루어져야 할 교육 내용이라고 생각한다.

그러나 현재 한국어교육에서는 상술한 추측 표현의 화용적 지식에 대한 문법 교육이 체계적으로 이루어지지 않고 있는 것이 현실이다. 즉, 기존의 한국어 교재에서는 '-(으)ㄴ/는/(으)ㄹ 것 같다'가 목표 문법 항목으로 제시되었을 때 화용적 지식에 대한 문법 설명이 부족했으며, 예문에서도 단순한 추측 의미를 나타내는 것과 공손의 기능으로 쓰이는 예문이 차별 없이 제시되어 있어서 학습자에게 혼란을 주고 있었다(Ⅳ장 3절에서 학습자 추측 표현 사용능력 조사).

오류 분석에서도 추측 표현의 화용적 의미를 이해하지 못해서 부적절한 사용이나 누락으로 인해 무례함을 유발하는 경우가 아주 많았다(Ⅳ장 3절). 따라서 특정한 발화 상황과 의도를 통한 추측 표현의 화용적 지식에 대한 교육이 명시적으로 이루어져야 할 것이다.

1.2.2. 사용능력 향상을 위한 교수·학습 내용

지금까지는 추측 표현에 대해 이해능력을 향상시키는 과정에서 목표 문법을 구체적으로 이해하기 위하여 어떠한 지식들이 필요하며, 이 지식들은 어떤 방법을 통해 학습자에게 최대한 수용되는지의 교수·학습에 대해 살펴보았다. 여기에서는 학습자들이 추측 표현을 적절하게 자동적으로 사용하기 위해서 어떤 교습·학습 활동들이 필요한지에 대하여 살펴보고자 한다.

4장 3절에서 우리는 학습자들이 추측 표현의 사용에 있어서 단일화 사용 양상을 보임을 확인하였다. 학습자들은 여러 가지 표현들이 사용될 수 있는 상황에서 제약이 단순하고 그러한 상황에 두루 쓰이는 표현만을 단일하게 습관적으로 사용하였고, 추측이 실현되어 화자의 의도가 구체적으로 드러나야 하는 상황에서 표현을 오용하는 경우가 많았다. 이는 교수 과정에서 학습자에게 유의미적인 연습을 통해 목표 문법을 사용하는 경험을 주지 못한 데서 비롯되었다고 볼 수 있다. 이에 추측 표현을 이해시키는 과정을 거쳐 학습자에게 수용된 일부 지식은 언어 산출을 위하여 여러 가지 유형의 연습 활동이 필요하다. 대체적으로 형태에 초점을 둔 활동과 의미 전달에 초점을 둔 활동으로 나누어 볼 수 있다.

형태에 초점을 둔 활동은 전통 문법 교육에서 지향하였던 문장 차원에서의 모방 반복 연습, 단순 대치 연습 등 활동을 말하며, 의미 전달에 초점을 둔 활동은 문법 형태를 기능과 연계하여 의사소통 과정에서 문법이 어떻게 쓰이는지를 경험하게 하는 유의미적 연습을 말한다. 반복 훈련과 같이 정확성과 관련하여 구성된 활동은 목표 문법의 사용으로 이어지는 데 별 도움이 없으나, 기능과 연계된 연습 활동은 의미를 이해하면서 동시에 사용을 유도하는 것이므로 문법 사용능력을 증진시킬 수 있다. 예컨대, 추측 표현은 예상되는 결론 추측하기, 상상하기, 미래 사실을 예견하기 등의 기능과 관련되며, 추측 표현이 공손 기능으로 확장될 때에는 완곡하게 제안하기, 거절하기 등 화행 기능을 한다.

02
교수·학습의 실제

2.1. PPP 수업 모형

과정 중심의 문법 교육 방법에서는 결과보다는 문법을 교수하는 과정에서 어떠한 단계를 밟아 문법을 교수할 것인가 하는 방법에 대한 연구가 많이 이루어 졌다. 일반적으로 가장 많이 사용되는 PPP(제시 훈련)모형이 있다.

PPP(제시 훈련) 수업 모형이란 의미 그대로 바른 언어 사례를 제시하고, 반복 연습을 통해 바른 언어 자료를 자율적으로 생성할 수 있도록 지도하는 모형이다. 일반적으로 '제시(presentation)-연습(practice)-발화(production)'의 3단계 모형으로 진행한다(허용 외, 2009:237).

Willis(1996)에 따라 PPP모형의 구체적인 절차를 보면 다음과 같다.

첫째, 제시(presentation) 단계이다. 즉, 교사가 추측 표현에 대해 꼭 알아야 할 문법 내용을 예문을 통해서 제시하는 단계이다. 이 단계에서 교사는 언어 항목의 의미를 명확히 이해하는데 도움을 주는 상황 또는 맥락 속에서 언어 항목을 사용한 예를 제시한다. 이러한 예시는 교사가 제시하는 문장들로 구성되거나 교사의 실제 재연이나 테이프를 통해 들을 수 있는 짧은 대화로 구성된다.

둘째, 연습(practice) 단계이다. 정확한 형태에 초점을 두고 언어 항목을 연습시켜 목표 언어 항목을 내재화시키고자 한다. 이때는 정확성에 초점을 두어 형태 사용의 오류를 줄이는 반복 연습이라고 할 수 있다. 이 단계에서 학생들이 새로운 언어 항목을 이해 및 적용할 수 있도록 전체 혹은 짝을 이루어 반복하여 연습함으로써 제한적이지만 언어를 사용해 보는 기회를 제공한다. 학습 활동은 문형연습, 문장의 부분들 맞추기, 문장이나 대화 완성하기, 사전에 명시된 형태를 이용하여 질문하고 대답하기 등이 있다.

셋째, 발화(production) 단계이다. 교사의 설명과 형태적 연습을 바탕으로 의미와 언어 사용에 초점을 둔 의사소통적 산출 활동을 하게 된다. 이 단계에서는 유창성에 초점을 두고 목표 언어 항목을 자연스럽게 발화하는 것에 목적이 있다. 학습 활동은 역할극, 모방활동, 의사소통을 위한 과업 등이 해당된다.

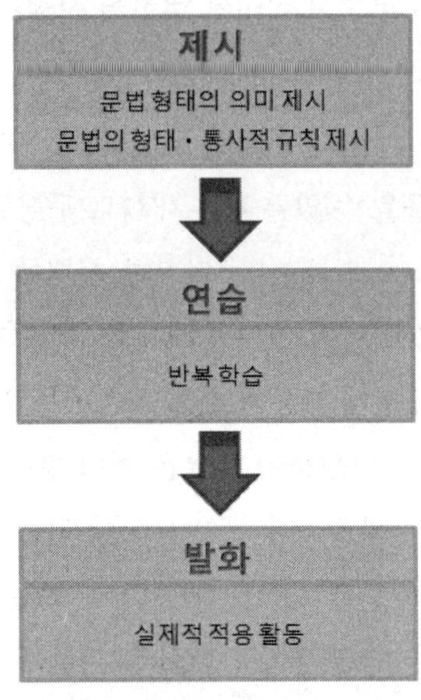

[그림 15] PPP 교수 모형

위에서 살펴본 PPP 교수 모형은 먼저 학습자들에게 해당 시간의 수업 내용을 제시하고 그 제시된 내용을 학생들이 정확하게 이해할 수 있도록 교사와 함께 학습해보며 마지막으로 학생들이 연습한 것을 기초로 스스로 발화해 보도록 하는 교수 모형이라고 할 수 있다. PPP 교수 모형을 통해서 교육한다면 수업 설계가 매우 쉽고 간편하여, 제시, 연습, 표현의 단계를 유연하게 사용할 수 있다는 장점이 있는 반면에, 목표어 형태를 과도하게 사용하는 경향이 나타나고, 부자연스럽고 딱딱한 대화를 만들어 낼 우려가 있다. 그리고 PPP 교수 모형은 학습자들이 서로 의사소통할 수 있는 기회가 적다는 단점도 있다. 또한 교육받은 학생들이 교실 안에서는 자신있게 생산할 수 있을 것 같았지만 교실 밖 실제상황에서는 언어형태를 사용하지 못하거나 부정확하게 사용할 경우가 있다. 그리하여 신재철(2000)은 PPP 교수 모형의 표현 단계에서 학생들이 실수를 하더라도 언어를 자유롭게 사용할 수 있는 습득체제로 전환되어야 한다고 주장한다. Byrne(1986) 또한 PPP 교수 모형의 단점을 인정하고 일직선적인 차례가 아닌 원모양으로 수정하였다. 즉, 학생들의 오류가 발견되면 제시나 연습 단계로 되돌아와 부족한 부분을 보완할 수 있도록 해야 한다(박정아, 2012:12 재인용).

2.2. ESA 수업 모형

앞서 살펴본 PPP 모형은 가장 일반적인 수업모형이었지만 학생들의 실제적인 상호작용인 '표현 단계'가 마지막 단계에 배치되어 있어 소홀해질 우려가 있다. 무엇보다 PPP는 교사 중심 모형으로 학생 중심 프레임을 강조하는 흐름과는 맞지 않아 1990년대 많은 공격을 받아왔다(박정아, 2012:12).

1999년대 후반 기존의 PPP 모형에서 과제의 성격에 맞도록 유동적인 절차를 강조하는 교수 모형이 도입되었다. Harmer(2007)은 ESA, 즉 몰입(Engage)-학습(Study)-활동(Activate) 단계 모형을 제시하였다. 이것은 PPP 모형을 확대하여 학습자가 지식을 스스로 구성하고 내재화하는 것을 강조한 방법이다.[20] ESA 교수 모형의 가장 큰 특징은 각 단계가 고정적이지 않고 유동적이라는 점이다. 실제 교실에서 학생들의 수준이나 성향에 따라 교사가 각 단계를 자유롭게 반복하거나 바꿀 수 있는 장점이 있다. 학생들이 늘 같은 패턴에 지루함을 느낄 때 새로운 신선함을 주며 교수·학습을 효과적으로 이끌 수 있다. 박정아(2012)에 의하면 ESA 교수 모형은 다음과 같이 세 가지 유형이 있다.

(1) 직선 모형(A straight arrows lesson procedure)
(2) 패치워크 모형(An example of a patchwork lesson procedure)
(3) 부메랑 모형(A boomerang lesson procedure)

1) ESA-직선 모형

직선 모형은 몰입(Engage)-학습(Study)-활동(Activate) 순서로 이루어진다. 몰입(Engage) 단계에서는 학습자가 학습 목표에 흥미를 가질 수 있도록 유도하는 것으로 일반적으로 PPP 모형의 도입(warm-up) 단계에 대응된다. 학습(Study) 단계에서는 언어에 초점을 두고 구조나 의미를 파악하는데, PPP 모형의 '제시'나 '연습' 단계와 비슷하다. 그러나 PPP 모형이 교사의 설명 위주인 반면에, ESA의 학습 단계는 다양한 과제나 활동으로 일방향적인 교수가 아니라 학습자들이 스스로 규칙을 발견할 수 있도록 유도하여 주는 것이 목적이다. 활동(Activate) 단계에서는 활동을 통하여 자신의 문장을 활

20 정선주(2009) 와 허머(harmer, 2007)을 참조함.

용함으로써 '사용능력'을 향상시킨다. 이를 그림으로 나타나면 다음과 같다.

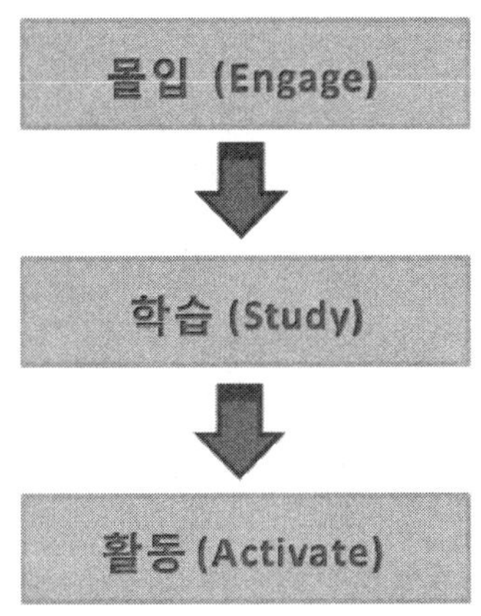

[그림 16] ESA–직선모형

2) ESA–패치워크 모형

패치워크 모형은 위의 직선 모형 및 부메랑 모형과는 달리 다양한 순서가 있다. 교사는 학생들의 성향이나 교실 환경 분위기 등에 따라 수업 방식을 다양하게 변경해야 하는 경우가 생기는데, 이때 교사가 활용해 볼 수 있는 유형이다.

이 유형은 ESA 수업 각 단계를 줄이거나 늘이고, 필요하다면 반복하면서 다양한 수업을 구성한다.[21] 다양한 단계를 활용한 이러한 수

21 박정아(2012): ESA 수업 모형은 다소 과업 중심 학습과 비슷하나 모형이 고정되어

업은 학생들의 수준과 학습목표 언어와 주제를 교려하여 교사가 창의적으로 적용할 수 있는 장점이 있다. ESA 패치워크 수업 모형을 그림으로 제시하면 아래 [그림 9]와 같다.

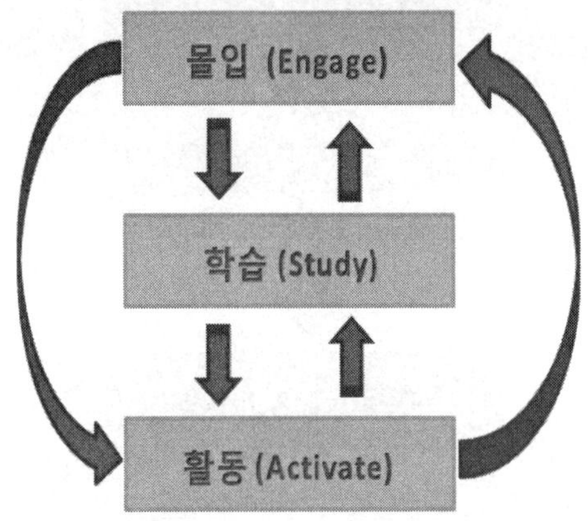

[그림 17] ESA-패치워크 모형

3) ESA-부메랑 모형

부메랑 수업 모형은 몰입(Engage) → 활동(Activate) → 학습(Study) → 활동(Activate) 순서로 진행된다.

학습자로 하여금 이미 알고 있는 언어 지식을 총동원하여 먼저 표현하게 하고 이런 가운데 나타나는 실수나 오류를 중심으로 연습하

있지 않고 ESA, EAS, EAEA, EASASEA와 같은 여러 수업 모형을 다양하게 취할 수 있으며 무엇보다 다양한 표현 활동이 수반된 학습자 중심 학습이라는 점에서 효과적이다.

고 학생들이 서로 상호 작용을 통해 표현하는 몰입(Engage) → 활동(Activate) → 학습(Study) → 활동(Activate)의 절차로 진행한다(Harmer 2007). 그러나 부메랑 모형은 그 대상이 초급일 경우 학습자들의 사전 언어지식이 부족하여 수업의 진행이 원활하지 않을 수 있다는 단점이 있다. 본서에서 아래 제시한 수업 모형 역시 상기한 부메랑 모형을 그 기초로 응용하였는데, 본서의 수업 단계가 중·고급자를 대상으로 하는 수업이기 때문에 가능하였다.

부메랑 수업 절차는 학생들이 과업을 수행한 후 또는 과업 도중에라도 문제점이 나타난다면, 나타나는 문제점을 즉시 수정하여 활동(Activate) 단계로 이동할 수 있는 유연성과, 학습(Study) 후에도 유사한 과업을 수행할 수 있다는 보완성을 갖고 있다. 부메랑 수업 모형 절차를 제시하면 다음 [그림 10]과 같다.

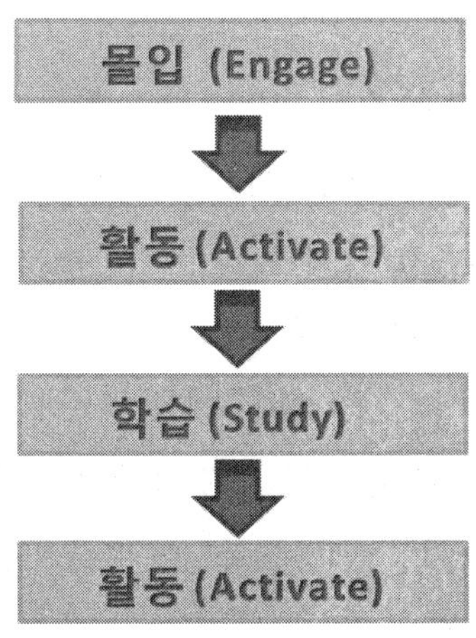

[그림 18] ESA-부메랑 모형

2.3. 교수 모형 구성

앞서 살펴본 ESA 모형은 과업 중심 학습에 가까우며 몰입(Engage) → 활동(Activate) → 학습(Study)의 순서로 진행된다. 이러한 ESA 모형의 가장 큰 특징은 각 단계가 고정적이지 않고 유동적인 점에 있다. 따라서 실제 수업 현장에서 학습자의 변인이나 환경적 변인에 따라 각 단계를 자유롭게 이동하거나 반복할 수 있다. 가령, 학습자들이 문법의 명료화에 대한 부담감을 가지고 있다면, 제약된 활동대신 보다 자유롭게 상호작용할 수 있는 활동으로 변형한 '부메랑 유형(A boomerang sequence)'을 적용할 수 있다. 즉, '몰입(E) - 활동(A) - 학습(S) - 활동(A)'의 형식으로, 학습자들이 주제에 흥미를 가질 수 있도록 유도한 다음 제약된 활동 대신, 보다 자유로운 발화를 하고 서로 대화할 수 있도록 활동을 마련한다. 본서에서는 최종적인 교사의 피드백을 통해 학습자들의 이해를 돕고, 실제 사용에 도움을 줄 수 있도록 하기 위하여 상기한 부메랑 유형에 정리(Adjustment) 단계를 추가하였다. 상술한 논의를 종합하여 본서의 고급단계 문법 교수에 적합한 수업 구성 단계를 제시하면 다음 [그림 11]과 같다.

몰입(Engage) 단계에서 가장 중요한 점은 주의를 집중시키는 것이다. 학습자의 주의를 집중시켜 수업할 내용에 직접 참여할 동기를 부여하는 것이 우선이다. 고로 이 단계에서는 딱딱한 언어나 전문적인 언어의 사용을 지양하고, 학생들이 편한 마음으로 수업에 참여할 수 있도록 유도한다.

활동(Activate) 1단계에서는 교사가 수업할 내용의 기본적인 상황만을 제시하고 학습자들이 자신의 사전지식을 총 동원하여 상황을 묘사해 봄으로써 수업을 받는 것이 아니라 수업에 참여한다는 의식을 심어준다는 것이 중요하다, 이 단계에서 학습자들이 묘사하는 상황은 차후 학습 단계를 거쳐 그 평가를 하고 수정 보완한다.

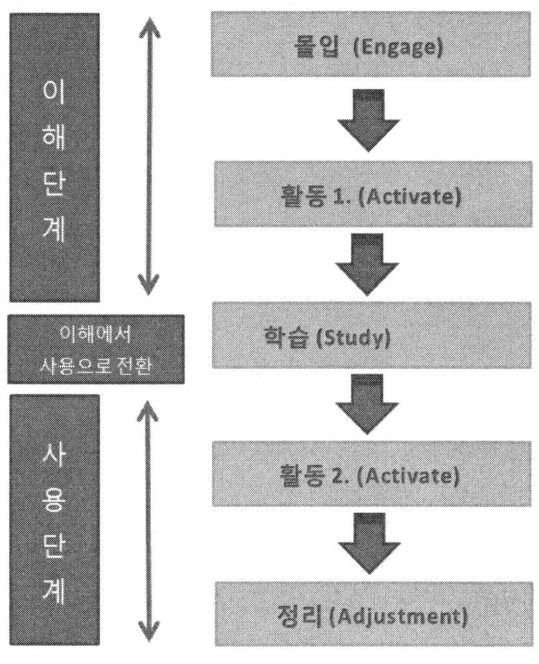

[그림 19] 추측 표현 교육 모형

학습(Study) 단계에서는 활동(Activate) 1단계에서 드러났던 문법적 어휘나 오류들을 학습하는데, 이외에 수업의 목표에 따라 교사가 제시나 연습을 통해 융통성 있게 진행할 수 있다.

활동(Activate) 2단계에서는 학습(Study) 단계에서 학습된 내용을 활용하여 학습자들이 자유롭게 발화하고 교사가 수정 보완하여 준다.

정리(Adjustment) 단계에서는 활동(Activate) 2단계에서 학습자들이 발화한 내용과 학습자들의 자유로운 질문에 대하여 교사가 응답하여 정리하고, 학습자들의 이해와 실제 생활에서의 사용을 유도한다.

2.4. 수업의 실제

◎ 단계: 중·고급

◎ 목표: 상황에 적절하게 추측 표현을 사용할 수 있다.

◎ 문법: {-(으)ㄹ/ㄴ/는 것 같다}, {-겠-}, {-나/ㄴ/은가 보다},
{-(으)ㄹ걸(요)}, {-(으)ㄹ 것이다}, {-(으)ㄹ지(도)모르다}

1) 몰입 단계

(1) 교사는 학생들의 주의를 집중시키기 위하여 그림을 제시하고, 제시한 그림에 대해 교사 자신이 오늘 학습 할 6가지 추측 표현을 모두 사용하여 학생들의 대답을 유도한다. 이때 교사는 학생들과의 대화 내용을 판서하며 자연스럽게 대화를 이끌어 나간다.

교사: 눈이 무척 많이 내린 것 같아요.

학생: 네.

교사: 눈이 저렇게 많이 오면 길이 많이 미끄럽겠죠?

학생: 그렇겠어요.

교사: 저렇게 눈이 오면 우리 학생들 다 지각할 걸요?

학생: 그럴거예요.

교사: 라디오를 들어보니 눈 때문에 여기저기서 사고가 났나 봐요. 여러분도 조심해서 운전하지 않으면 사고가 날지도 몰라요. 이런 날은 아주 천천히 운전해야 할 거예요.

학생: 맞아요.

(2) 교사는 앞의 대화에 오늘 배울 추측 표현 6가지가 모두 포함되어 있다는 것을 학생들에게 알려주어, 학생들이 어렵게만 생

각했던 추측 표현을 실제 대화에서 쉽게 사용할 수 있다는 것을 느끼게 하여 주목시킨다. 학생들의 주의를 집중시킨 후, 교사는 학습할 추측 표현 제시한다.

교사: 오늘 우리는 여러분이 많이 어려워하는 한국어 추측 표현 문법을 공부할 것입니다. 그중에서도 한국 사람들이 가장 많이 사용하는 추측 표현들을 배울 거예요. 학생들이 한국어 추측 표현을 어렵게 생각하는데, 방금 선생님과 여러분이 한 대화에 우리가 오늘 배울 추측 표현이 모두 들어가 있었요. 어려웠나요?

학생: 어? 진짜요?

교사: 네. 자, 그럼 지금부터 하나하나 찾아볼까요?

(교사는 판서한 내용 중 추측 표현 6가지에 색연필로 밑줄 표시한다)

2) 활동 단계 1

(1) 교사는 학생들을 6개의 조로 편성한 후, 몰입 단계에서 제시되었던 그림과 상황이 연결될 수 있는 다른 그림 한 장을 제시한다.

(2) 교사는 미리 준비한 6장의 종이를, 각 조의 조장에게 제비뽑기를 통해 나눠 준다(각 종이에는 학습할 6개의 추측 표현 중 1개가 쓰여 있으며, 보이지 않도록 접어 준비한다).

(3) 각 조는 제시된 그림을 보고, 상황 전, 현재 시점, 상황 후, 원인 등등에 상관없이 자유롭게 조별로 토의 후 조별 결과를 발표하고, 교사가 판서한다. 이 때 각 조는 반드시 조 별로 선택된 추측 표현을 사용하여 문장을 만들어야 한다.

1조: 차가 저 정도로 망가졌으면 사람들이 많이 다쳤겠다.

2조: * 교통사고가 날걸요?

3조: 길이 많이 미끄러웠나보다.

4조, 5조, 6조 등등

(4) 교사는 학생들이 그림을 보고 추측할 때 필요하다고 판단되는 어휘를 미리 제시해 준다. (구조대원, 바퀴, 보험회사, 견인차, 미끄럽다, 제동장치, 신고, 경찰서 등)

3) 학습 단계

(1) 학습 단계에서는 교사가 PPT(파워 포인트) 자료를 활용하여 정확한 문법의 설명과 각 항목간의 비교를 통해 학생들의 추측 표현 이해능력, 추측 표현 구별 사용능력을 향상시킨다. 한

상황에 사용할 수 있는 여러 가지 표현들의 차이와 어감을 정확히 명시하여야 하며 도표[22]를 활용한 교육이 적절하다.

교사는 PPT 자료를 활용하여 기본형, 활용형을 설명하고, 표현의 문법적 특징, 다른 표현과의 차이점 등을 설명한다. 학생들의 이해도를 높이기 위하여 예문을 통한 연습 활동을 진행한다.

◎ {-(으)/는/(으)ㄹ 것 같다}

기본형: -(으)ㄴ/는/-(으)ㄹ 것 같다

활용형: -(으)ㄴ/는/-(으)ㄹ 것 같은데

구분	과거 시제	현재 시제	미래 시제
동사	-던 것 같다 -았/었던 것 같다 -았/었을 것 같다 -(으)ㄴ 것 같다	-는 것 같다	-(으)ㄹ것 같다
형용사	-던 것 같다 -았/었던 것 같다 -았/었을 것 같다	-(으)ㄴ것 같다	-(으)ㄹ것 같다
명사	-이었/였을 것 같다 -(이)던 것 같다 -이었/였던 것 같다	-인 것 같다	-일 것 같다

▸ 주어인칭 선행용언의 제약 없음.

▸ 사용상의 제약이 적어 생산적으로 쓰임.

---

22 본서 Ⅲ장 2.3.2.의 〈표 24〉중 발췌

▸ 확신의 정도가 무표적임.

▸ '-았/었을 것 같다'가 '-(으)ㄴ것 같다' 보다 확신의 정도가 약함.

☞ 예문을 통해 연습 활동을 진행한다.

1. a. 내일 날씨가 어떨까요?

   b. 바람이 많이 불 것 같아요.

2. a. 바지가 잘 맞으세요?

   b. 아니요, 좀 큰 것 같아요.

3. a. 내일 회식에 참석할 수 있어요?

   b. 감기 기운이 좀 있어서 못 갈 것 같아요.

4. a. 선생님이 어제 뭐 했을까요?

   b. 학교에서 수업 준비 ______.

5. a. 옷이 마음에 드세요?

   b. 아니요, 조금 ________.

6. a. 오후에 등산 가기로 한 약속 잊으신 건 아니죠?

   b. 미안해서 어쩌죠? 갑자기 일이 생겨서 ________.

◎ {-겠-}

기본형: -겠-

활용형: -겠다

-겠네(요)

-(으)/는/(으)ㄹ지 모르겠-

구분	과거 추측	현재, 미래 추측
동사	-았/었겠나	-겠나
형용사	-았/었겠다	-겠다
명사	-이었/였겠다	-(이)겠다

▸ 현장 지각한 근거를 가지고 즉각적으로 짐작함.

▸ 확신의 정도가 높음(상).

▸ 주어의 인칭과 선행용언의 제약 없음.
단, 1인칭 주어가 동사와 결합할 때 화자의 의지나 의도의 의미를 나타 내기도 함.

▸ 이외에 의지, 가능성 등의 다른 의미가 있으므로 다양한 예문 제시.

☞ 예문을 통해 연습 활동을 진행한다.

1. a. 눈이 많이 오네요.
   b. 퇴근길이 많이 막히겠네요.
2. a. 사무실 보일러가 고장 났어요.
   b. 오늘 사무실 좀 춥겠네요.
3. a. 핸드폰이 고장났어요
   b. 그럼 우리 연락하기____.
4. a. 시험에 어제 저녁에 공부한 문제가 많이 나왔어요.
   b. 그럼 시험을 ______.

◎ {-(으)ㄴ가/나 보다}

기본형: -(으)ㄴ가/나 보다

활용형: -아/어 보니-(으)ㄴ가/나 보다

구분	과거 추측	현재 추측	미래 추측
동사	-았/었나 보다 -았/었는가 보다	-나 보다 -는가 보다	-(으)ㄹ건가 보다
형용사	-았/었나 보다 -았/었는가 보다	-(으)ㄴ가 보다 -(으)ㄴ가 보다	-(으)ㄹ건가 보다
명사+이다	-이었/였나 보다	-인가 보다	-

▸ 주로 2,3인칭 주어와 결합.

▸ 화자가 보거나 들은 근거를 바탕으로 현장에서 즉각적인 판단을 하며 객관적 태도를 지님.

▸ 주로 구어체에서 사용함(문어체에서는 '-(으)/는/(으)ㄹ 모양이다'를 주로 사용함).

▸ '보다'는 항상 현재형으로 쓰임.

☞ 예문을 통해 연습 활동을 진행한다.

1. a. 떡볶이가 정말 맛있네요!

   b. 매운 걸 좋아 하시나 봐요.

2. a. 민정 씨가 식은땀을 흘리는 것 같아요.

   b. 민정 씨가 배 멀미를 하나 봐요.

3. a. 오늘도 저녁 10시 넘어서 퇴근할 것 같아요.

b. 요즘에 정말 바쁘신가 봐요.

4. a. 이번 시험에 민정 씨가 1등을 했다네요.

b. 민정 씨가 시험공부를 정말 열심히 ______.

5. a. 우리 선생님은 아무리 먹어도 살이 안찌세요.

b. 원래 살이 안찌는 체질 ________.

◎ **{-(으)ㄹ걸(요)}**

기본형: -(으)ㄹ걸(요)

활용형: -(으)ㄹ걸

구분	과거 추측	현재 추측	미래 추측
동사	-았/었을걸(요)	-(으)ㄹ걸(요)	-(으)ㄹ걸(요)
형용사	-았/었을걸(요)	-(으)ㄹ걸(요)	-(으)ㄹ걸(요)
명사	-이었/였을걸(요)	-일걸	-

- 자음+을걸(요)/모음+ㄹ걸(요).
- 주로 2, 3인칭과 결합하고 선행용언의 제약없음.
- 불확실한 사실에 대해 그럴 것이라고 짐작할 뿐 확실하지 못함(중하).
- 주로 구어체에서 문장의 마지막에 쓰이며, 상향 억양을 나타냄으로써 상대방의 의견에 가볍게 반박하는 느낌이 있음.
- 1인칭 주어와 결합하여'-(으)ㄹ걸(그랬다)'의 형식으로 화자의 후회나 아쉬움을 나타내기도 함.

▸ -았/었을걸(요).

☞ 예문을 통해 연습 활동을 진행한다.

1. a. 그 여학생은 고집이 참 세요.

   b. 아무리 그래도 나보다는 안 셀 걸요?

2. a. 민정 씨는 요즘 뭐하고 있을까요?

   b. 영국 여행하고 있을 걸요.

3. a. 내 핸드폰 또 어디 갔을까?

   b. 아마 차에 ______.

4. a. 언제쯤 도착할까요?

   b. 6시쯤이면 ____.

◎ {-(으)ㄹ 것이다}

기본형: -(으)ㄹ 것이다

활용형: 아마+-(으)ㄹ 것이다

구분	과거 추측	현재, 미래 추측
동사	-았/었을 것이다	-(으)ㄹ것이다
형용사	-았/었을 것이다	-(으)ㄹ것이다
명사	-이었/였을 것이다	-일 것이다

▸ 자음+을 것이다/모음+ㄹ 것이다.

▸ 선행용언의 제약이 없으나, 1인칭 주어가 동사와 함께 쓰이어

화자의 의지를 나타내기도 함.

▶ 근거를 바탕으로 내적 추론의 과정을 거쳐 확신의 정도가 높음(상).

▶ 비격식체: -(으)ㄹ거예요/-(으)ㄹ 거야.

▶ 축약형:-(으)ㄹ겁니다.

☞ 예문을 통해 연습 활동을 진행한다.

1. a. 다 하려면 시간이 얼마나 걸릴까요?
   b. 아마 오래 걸릴 거예요.
2. a. 김 선생님 오늘 학교에 오실까요?
   b. 예. 오늘 학교에 오실 거예요.
3. a. 이번에 떠나면 한참동안 못 볼 것 같아요.
   b. 보고 싶 ______.
4. a. 선생님이 이 선물을 좋아하실까요?
   b. 아마 _____.

◎ {-(으)ㄹ지(도) 모르다}

기본형: -(으)ㄹ지(도)모르다

활용형: -(으)ㄹ지도 모르겠다.

구분	과거 추측	현재, 미래 추측
동사	-았/었을지(도) 모르다	-(으)ㄹ지(도) 모르다
형용사	-았/었을지(도) 모르다	-(으)ㄹ지(도) 모르다
명사	-이었/였지(도) 모르다	-일지(도) 모르다

▸ 주어의 인칭과 선행용언의 제약 없음.

▸ 근거가 불확실한 상황에서 그럴 것이라고 짐작함.

▸ 확실의 정도가 약함.

▸ 반대 사태의 가능성을 가정하기 때문에 '-(으)ㄹ지도 모르다'의 형태로 자주 결합함.

☞ 예문을 통해 연습 활동을 진행한다.

1. a. 교수님이 오셨을까요?

   b. 아까 출발 하셨다니까 벌써 오셨을<u>지도 몰라요</u>.

2. a. 저 사람은 한국 사람일까?

   b. 얼굴으 보니 한국 사람이 아닐<u>지도 몰라</u>.

3. a. 민정이가 피자를 좋아 할까요?

   b. 민정이는 다이어트 중이니 안 먹을지도 ____.

4. a. 제주도 날씨는 어떨까?

   b. 여기 서울은 춥지만 제주도는 _____.

(2) 교육한 내용에 근거하여, 활동 단계에서 각 조가 발표한 표현에 대하여 평가를 내리고, 학습자들이 발표한 내용에 오류가 있는 부분을 수정한 후, 그 이유를 설명해 준다.

1조: 차가 저 정도로 망가졌으면 사람들이 많이 <u>다쳤겠다</u>.

2조:*교통사고가 <u>날걸요?</u>

3조: 길이 많이 <u>미끄러웠나보다.</u>

4조, 5조, 6조 등등

교사는 (1)의 제시 내용을 근거로 각 조가 활동 단계에서 발표한 내용의 가장 적절한 표현을 찾아 학생들에게 이해시키고, 학생들이 발표한 답안에 대하여 평가 후 수정 보완하며, 그 이유를 설명해 준다.

(3) 교사는 연습 활동을 통해 학생들의 추측 표현 이해능력을 향상시킨다. 연습 활동은 세 부분으로 구성하였다. 〈연습 1〉과 〈연습 2〉는 학습자들이 자주 오류를 범하는 추측 표현을 대화 상황에서 사용하여 학습자들이 접해보도록 구성하였고, 그 근거는 본서의 설문조사 이해능력 부분을 근거로 하였다. 〈연습 3〉에서는 〈연습 1〉과 〈연습 2〉에서 이해한 추측 표현을 실제 문맥 안에서 적절하게 선택하도록 하는 방법으로 구성하였다.

〈연습 1〉 사회적 영향이 언어 습관에 영향을 주어 다양한 표현의 습득을 저해하는 측면을 고려하여 학생들이 사용을 기피하는 표현의 연습 활동

내재적 정보 영역의 '-(으)ㄹ 것이다'
▶ '-ㄹ 것이다'를 이용하여 다음 대화를 완성해 봅시다.
가: 민정 씨, 〈한·중대사전〉 좀 빌려줄래요? 어디에 있어요? 나: ______________________________

내재적 정보 영역의 '-(으)ㄹ 지(도) 모르다'
▶ '-ㄹ 지(도) 모르다'를 이용하여 다음 대화를 완성해 봅시다.
가: 아까 본 세일 상품이 아직도 있을까? 나: ______________________

내재적 정보 영역의 '-(으)ㄹ 걸(요)'
▶ '-(으)ㄹ 걸(요)'를 이용하여 다음 대화를 완성해 봅시다.
가: 내일 1시쯤에 집에 있을 거예요? 나: ______________________

〈연습 2〉 표현의 의미에 대한 기존의 학습이 '추측'보다는 다른 의미의 학습 위주로 이루어져 학습자에게 혼동을 불러일으킬 여지가 있는 표현, 교육 과정에서 명확하게 다루지 않았던 표현의 연습 활동

'미래의 계획이나 의지'로 사용된 '-(으)ㄹ 것이다'
▶ '-(으)ㄹ 것이다'를 이용하여 다음 대화를 완성해 봅시다.
가: 이번 시험 누가 1등 할까? 나: 아마 민정 씨가 ________. 가: 이번 시험 누가 1등 할까? 나: 이번엔 무슨 일이 있어도 내가 ________.

완곡 어법 영역의 '-(으)ㄹ 것 같다'
▶ '-(으)ㄹ 것 같다'를 이용하여 다음 대화를 완성해 봅시다.
가: 민정 씨 이번 주말에 저랑 제주도 놀러 갈래요? 나: (속으로 가기 싫어하며) __________.

〈연습 3〉 실제 한국인 모어 화자가 작성한 글의 내용 중 추측 표현 부분을 괄호로 하여 학습자들에게 제시하고 문맥 안에서 적절하게 추측 표현을 선택하도록 하는 방법.

아래의 문장은 중국어를 배우고 있는 한국인 학생이 쓴 일기의 한 부분입니다. 문장이 가장 자연스러워 지도록 빈칸을 채워 봅시다.
오늘도 아침 일찍 선생님과 만나 공부하기로 약속을 했는데 늦잠을 자버렸다. 선생님은 벌써 일어(　　)▷나셨겠지 했는데, 전화 목소리가 잠긴 걸 보니, 아마 선생님도 방금 일어나신 모양이다. 어제 저녁에 또 늦게까지 일을 (　　)▷하셨나 보다. 일기예보에선 비가 오지 않을 거라고 했지만, 하늘을 보니 비가 (　　)▷내릴 수도 있을 것 같아서 차안에 우산을 준비했다. 가는 길에 뭐라도 좀 먹고 가고 싶었지만, 그러다가는 약속시간에 (　　)▷늦을지도 모른다는 생각에 부랴부랴 차를 몰았다. 선생님은 오늘도 파란색 외투에 회색 머플러, 갈색 신발을 신고 나왔다. 지금까지 그를 만날 때 노란색이나 빨간색 옷을 입고 나온 적은 없었다. 중국인이 노란색이나 빨간색을 좋아한다는 것은 잘못된 (　　)▷말일지도 모른다는 생각이 들었다. 차안에서 흘러나오는 가사도 모르는 중국 노래를, 나도 모르게 따라 흥얼거리고 있는걸 보니, 진짜 많이 듣긴 (　　)▷들었나 보다. 용기를 내어 선생님에게 내 중국어 실력에 대해 물어보았더니, '니 실력이면 HSK 3급 시험도 (　　)▷어려울 걸? 아직 좀 (　　)▷부족한 것 같다.' 라고 대답하셨다. 괜히 물어봤다. 창피해 (　　)▷죽겠다.

교사는 학생들의 답안 작성이 끝나면, 실제 한국인이 쓴 내용을 공개함으로서 학생들에게 가장 자연스러운 표현을 보고 익히도록 유도하며, 〈연습 3〉에서 제시된 예문을 학생들이 유창하게 읽도록 유도하여 사용능력을 향상시킨다.

4) 활동 단계 2

(1) 교사는 학생들에게 〈연습 3〉에서 제시된 예문의 작성자인 한국인 학생에 대해 현재의 상황이나, 글 쓸 당시의 상황, 얼굴이나, 성격 등을 자유롭게 추측하게 하며, 수업한 추측 표현을 사용하여 발표할 수 있도록 유도한다.

(2) 학생들이 추측하여 발표한 내용에 대해 학생들끼리 서로 토론할 수 있도록 유도하고 최종적으로 교사가 정리하여 준다.

교사: 위에 글을 쓴 학생은 중국어를 1년 정도 배운 한국 학생이라고 합니다. 여러분들은 저 학생에 대해 현재 상황이나, 글 쓸 당시의 상황, 감정, 얼굴 생김새나, 성격 등을 자유롭게 추측해 보고 오늘 배운 추측 표현을 사용해서 말해 보세요.

학생 1: 아침 일찍부터 선생님을 찾아 가는 걸 보니 정말 공부를 열심히 하는 학생인 것 같아요.

학생 2: 차를 가지고 다니는 걸보니 성인인가 봐요.

학생 3: 선생님이 옷차림을 기억하는걸 보니 여자일지도 모르겠어요.

학생 4: 중국 노래도 듣고 다닌다니 지금쯤이면 중국말 잘하겠네요.

5) 정리 단계

(1) 교사는 활동 단계 2 발표에서 나타난 학생들의 오류를 수정하여 주는 과정에서 수업한 학습 내용을 학생들이 다시 한번 상기할 수 있도록 유도한다.

(2) 교사는 학생들이 수업 내용을 어느 정도 이해하였는지 확인하기 위하여 학생들과 간단한 대화를 시도하는데, 몰입 단계의 대화를 판서해 재인용하여 확인할 수도 있다.

(3) 교사는 수업한 내용 중 학생들의 사용도가 가장 낮았다고 판단되는 표현들을 선별하여 숙제를 내준다.

부록 1. 한국어 추측 표현 이해능력 조사

설 문 조 사

- 한국어 추측표현의 올바른 사용에 관하여 -

안녕하십니까? 바쁘신데 시간을 내주셔서 감사드립니다. 인하대학교에서 박사학위 논문을 준비중인 姜飞입니다. 한국어 추측 표현을 중국어권 학습자 여러분들이 어떻게 이해하고 사용하고 있는지를 알아보고자 합니다. 바쁘신 와중에도 설문조사에 응해주신 여러분께 진심으로 감사드립니다.

- 인하대학교 대학원 외국어로서의 한국어교육전공 강비 드림 -

국 적		한국어 학습 기간	년　　　　개월
성 별		한국어 등급	
나 이	세	한국 체류 기간	한국에 얼마동안 있었습니까? 년　　　　개월
전 공		귀하의 응답 내용은 연구 목적으로만 쓰이며, 연구 이외의 목적으로 사용되지 않을 것을 약속드립니다. 소중한 시간을 내주셔서 감사합니다.	

▶ 다음 대화중 알맞은(가장 자연스러운) 표현을 고르십시오 ◀

잘 모를 때는 [ⓔ 잘 모르겠다.] 를 선택하십시오.

1	가. 민정 씨, 제가 만든 떡볶이에요. 좀 먹어 볼래요? 나. 와, 고마워요! 정말 (_____)	
	맛있겠어요.　　　　ⓔ 잘 모르겠다. 맛있나 봐요. 맛있는 듯싶어요. 맛있을지 몰라요.	선 택
2	가. 민정 씨한테 연락해 봤어요? 왜 안 온대요? 나. 전화해 봤는데 받지를 않네요. 그 잠꾸러기 아직 (_____)	
	잔나봐요.　　　　ⓔ 잘 모르겠다. 자고 있겠죠. 잤었을지 몰라요 . 잤었나 봐요.	선 택

번호	문항	선택
3	가. 민정 씨, 얼굴이 왜 이렇게 빨개요? 나. 아…네… 뛰어왔더니 조금 (_____) 힘들었을 거예요. ⓔ 잘 모르겠다. 힘들었을 것 같아요. 힘들었을지도 몰라요. 힘들었나 봐요.	선 택
4	가. 저도 뭐 좀 마실게요. 나. 갈증이 많이 (_____) 났었을 듯싶어요. ⓔ 잘 모르겠다. 났었을 거예요. 났었을지 몰라요. 났었나 봐요.	선 택
5	가. 논문 발표는 이번 주일까? 나. 교수님께서 다음 달이라고 하셨으니까 이번 주에는 (_____) 안 했을지 몰라. ⓔ 잘 모르겠다. 안 하나 봐. 안 할 것 같은데. 안 했겠지.	선 택
6	가. 민정 씨 제주도 가봤어요? 나. 아직 안 가봤어요. 근데 친구가 가서 찍은 사진을 보니 제주도는 정말 (_____) 아름다운 모양이에요. ⓔ 잘 모르겠다. 아름다울지 몰라요. 아름다운가 봐요. 아름다운 것 같아요.	선 택
7	가. 매운 거 시켰네! 민정이가 매운 거 못 먹는다고 하지 않았어? 나. 응. 민정이는 밥 먹고 온대. 그래서 (_____) 안 먹은 모양이야. ⓔ 잘 모르겠다. 안 먹겠다. 안 먹을 거야. 안 먹나봐.	선 택

번호	문항	선택
8	가. 그제부터 선풍기가 안돌아가. 왜 이러지? 나. 설명서 보니 전기가 안통하면 그럴수 있다네. (_____)	
	고장 날 모양이야. 고장 났을 거야. 고장 나겠지. 고장 날 건가봐. ⓔ 잘 모르겠다.	선 택
9	가. 민경씨. 한·중대사건 좀 빌려줄래요? 어디에 있어요? 나. 아. 네. 그거 제 책상 위에 (_____)	
	있겠어요. 있을 거예요. 있을 모양이에요. 있나 봐요. ⓔ 잘 모르겠다.	선 택
10	가. 아까 본 세일 상품이 아직도 있을까? 나. 글쎄. 다시 가 볼까? 오늘 아니면 (________)	
	못 살지도 몰라. 못 살 건가봐. 못 살 모양이야. 못 사겠지. ⓔ 잘 모르겠다.	선 택
11	가. 내일 1시쯤에 집에 있을거예요? 나. 그시간에 친구랑 수영장에 갈거라 집에 없을 (_____)	
	걸요? 건가 봐요. 모양이에요. 법 해요. ⓔ 잘 모르겠다.	선 택
12	가. 약속시간이 한 시간이나 지났는데...... 아직도 기다리고 있을까? 나. 글쎄... 전화 해봐. 민경 씨라면 아직도 (_____)	
	기다릴 것 같은데. 기다리겠어. 기다리나 보다. 기다릴 모양이야. ⓔ 잘 모르겠다.	선 택

13	가. 민경 씨는 왜 밥을 안 먹죠? 나. 아, 민경 씨 어제부터 또 다이어트 시작한다고 했어요. 가. 매번 실패하면서 왜 또 시작했는지…. 이번에도 분명히 실패할 (______)	
	건가 봐요. ⓔ 잘 모르겠다. 거예요. 겠어요. 지 몰라요.	선 택
14	가. 선생님께서 그러시는데 이번 프로젝트는 민경 씨가 한대요. 나. 정말이요? 민경 씨가 굉장히 하고 싶어 했던 프로젝트잖아요. 민경 씨가 이 이야기를 들으면 정말 (_____)	
	좋아하겠어요. ⓔ 잘 모르겠다. 좋아할 모양이에요. 좋아할지도 몰라요. 좋아하나 봐요.	선 택
15	가. 너 이번엔 잘 할수 있겠어? 나. 네. 이번엔 잘 (_____)	
	할 모양이에요. ⓔ 잘 모르겠다. 할 것 같아요. 잘 할 건가 봐요. 할지 몰라요.	선 택
16	가. 민경 씨가 나처럼 못생긴 남자를 좋아할까? 나. 민경 씨는 남자보는 눈이 독특하니까 혹시 (______)	
	그렇겠지. ⓔ 잘 모르겠다. 그럴 듯싶다. 그럴지도 모르지. 그런가 봐.	선 택
17	가. 이사 간 집은 어때요? 나. 네, 넓고 깨끗해서 좋아요. 참 이번 주말에 집들이를 하려고 하는데 혹시 올 수 있어요? 가. (_____)	
	못 가나 봐요. ⓔ 잘 모르겠다. 못 갈 모양이에요. 못 갈 법해요. 못 갈 것 같아요.	선 택

번호	문항	
18	가. 민경 씨, 이번 주말에 저랑 제주도 놀러 갈래요? 나. 다음주에 과제발표가 있어서 (_____)	
	안될것 같아요. 안되나 봐요. 안될지 몰라요. 안될 도양이에요. ⓔ 잘 모르겠다.	선 택
19	가. 내일 야유회 못오는 사람 없죠? 나. 교수님, 저는 내일 병원에 가야해서 (_____)	
	못갈지도 몰라요. 못갈건가 봐요. 못가겠죠. 못갈 도양이에요. ⓔ 잘 모르겠다.	선 택
20	가. 이 식당이 맛있다던데…… 우리 여기서 밥 먹어요. 나. 이 식당 맛 (_____)	
	없나봐요. 없을지도 몰라요. 없는 도양이에요. 없겠어요. ⓔ 잘 모르겠다.	선 택

- 끝 -

작성 완료하시면 저장하신 후 이메일로 전송 부탁드립니다.

다시 한번 진심으로 감사드립니다.

부록 2. 한국어 추측 표현 사용능력 조사

☞ 다음 글을 읽고 당신이 생각하는 추측 표현을 이용해서 담화를 완성하십시오.

당신은 한국에서 유학하고 있는 유학생입니다.

❶ 집에 아무도 없는 것을 추측하기

> 오늘 아침부터 집에 몇 번이나 전화를 했는데도 전화를 받지 않았습니다. 이런 상황을 알고 있는 친구가 당신에게 "집에 다시 연락해 봤어?"라고 물어봤 습니다. 당신은 집에 사람이 없다는 것을 추측하면서 친구에게 어떻게 대답 하겠습니까?

❷ 문화 답사 가는 날의 날씨 추측하기

> 당신은 내일 친구와 함께 지방으로 문화 답사를 가려고 합니다. 그러나 오늘 날씨가 많이 흐려 있습니다. 당신은 친구와 내일 날씨를 추측하며 어떻게 할지를 상의하려합니다. 이와 같은 경우에 당신은 친구에게 어떻게 말하겠습니까?

❸ 김 교수님 결혼 여부 추측하기

> 수업 시간에 옆에 앉아 있는 친구가 당신에게 "김 교수님 결혼하셨을까?"라고 물어봤습니다. 당신은 김 교수님이 반지를 끼고 있는 것을 보고 김 교수님이 결혼하셨다고 추측했습니다. 이와 같은 경우에 당신은 친구에게 어떻게 말하겠습니까?

❹ 회식 자리 거절하기

> 오늘 교수님께서 "저녁에 다 같이 회식을 하자"고 하셨습니다. 하지만 당신은 오늘 아주 중요한 선약이 있어서 회식 자리에 갈 수 없습니다. 이와 같은 경우에 당신은 교수님께 어떻게 말하겠습니까?

❺ 옷을 교환하거나 환불을 요구하기

> 며칠 전 당신의 생일에 친구가 옷을 선물했습니다. 그런데 막상 입어보니 사이즈도 맞지 않고 색상도 별로 맘에 들지 않아, 옷과 영수증을 들고 교환하러 가게에 갔습니다. 이와 같은 경우에 옷가게 점원에게 어떻게 말하겠습니까?

❻ 어느 나라 사람인지 추측하기

> 이번 학기에 신입생이 몇 명 들어왔습니다. 수업시간에 친구가 당신에게 "창문 옆에 앉아 있는 저 신입생은 어느 나라 사람일까?"라고 물어봤습니다. 당신도 그 사람을 처음 봤기 때문에 어느 나라 사람인지 모르지만 당신이 보기에 그 사람은 일본사람이라는 생각이 듭니다. 이와 같은 경우에 당신은 친구에게 어떻게 말하겠습니까?

❼ 시험에 떨어진 친구의 마음을 추측하기

> 당신의 친구 민정 씨는 정말 열심히 공부해서 이번에 TOPIK 시험을 봤습니다. 오늘은 결과 발표 날입니다. 또 다른 친구인 수진 씨와 점심을 먹는 중에 수진 씨가 당신에게 "민정 씨 이번 시험에 떨어졌어"라고 말했습니다. 당신은 민정 씨의 마음을 추측하면서, 대화중인 수진 씨에게 어떻게 말하겠습니까?

❽ 발표문에 오타가 있을 것이라고 추측하기

당신은 이번 주에 자료 발표가 예정되어 있습니다. 발표문을 다 작성했으나, 외국인이다 보니 오타나 틀린 문장이 많을 거라고 생각이 됩니다. 그래서 같이 수업을 듣는 한국인 친구에게 오타 수정을 부탁하려 합니다. 당신의 발표문에 오타나 틀린 문장이 많이 있을 거라고 추측되는 이와 같은 경우에 당신은 한국 친구에게 어떻게 말하겠습니까?

❾ 민정이가 도서관에 간 것을 추측하기

교수님이 당신의 친구 민정 씨가 어디 있는지를 물어보셨습니다. 당신은 조금 전에 민정 씨가 도서관 쪽으로 걸어가는 것을 보았습니다. 이와 같은 경우에 당신은 교수님께 어떻게 말하겠습니까?

❿ 발표 미루기를 요청하기

교수님께서 다음 주부터 발표식 수업을 한다고 하시며, 다음 주 첫 번째 발표자로 당신을 지목하셨습니다. 당신은 발표 준비 기간이 너무 짧아 부담스러워 교수님께 발표를 미뤄달라고 요청하려 합니다. 이와 같은 경우에 당신은 교수님께 어떻게 말하겠습니까?

참고문헌

〈자료〉

연세대학교 『연세 한국어』 1-3권, 연세대학교 출판부.

경희대학교 『혼자 공부하는 한국어』 초급-고급, 경희대학교 출판국.

서울대학교 『한국어』 1-4권, 서울대학교 출판부.

고려대학교 『재미있는 한국어』 1-6권, 교보문고.

국립국어원(2005), 『외국인을 위한 한국어 문법Ⅱ』, 커뮤니케이션북스.

국립국어원(2008), 『표준국어대사전』, 국립국어연구원.

국립국어원(1997), 『한국어 기초 문법』, 한국어 연수 교재.

국립국어원(2012), 『현대 국어 사용 빈도 조사』, 국립국어원.

〈논저〉

강소영(2001), 「양태 표지 '-ㄹ 터이-'의 의미」, 『한국어 의미학』9, 한국어 의미 학회, 179-197쪽.

강소영(2002), 「'확연', '당연', '개연'의 양태 표지 연구」, 『한국어학』16, 한국어학회, 217-236쪽.

강현주(2010), 「추측과 의지의 양태 표현 '-겠-'과 '-(으)ㄹ 것이다'의 교육 방안 연구」, 『이중언어학』43, 이중언어학회, 29-43쪽.

고영근(1986), 『서법과 양태의 상관관계』, 탑출판사.

고영근(2004), 『한국어의 시제, 서법, 동작상』,태학사.

고창운(1991), 「'-겠-'과 '-ㄹ것이'의 용법」, 『건국어문학』15-16, 건국대학교 국어국문학과, 595-614쪽.

고춘화(2010),『국어교육을 위한 문법 교육론』, 역락.
곽지영 외(2007),『한국어 교수법의 실제』, 연세대학교 출판부.
권재일(1986),「의존동사의 문법적 성격」,『한글』194, 한글학회, 97-120쪽.
김고은(2013),「학습자의 모국어에 따른 한국어 추측양태 표현 습득 양상: -몽골어권과 중국어권 학습자를 대상으로-」, 이화여자대학교 석사학위논문.
김규철(1988),「모국어의 '-겠-'과 바탕의 '-(을) 것」,『관악어문연구』13, 서울대학교, 1-23쪽.
김기혁(1995):『국어 문법 연구: -형태·통어론-』, 박이정.
김동옥(2000),「한국어 추측 표현의 의미차이에 관한 연구」,『국어학』35, 국어학회, 171-197쪽.
김미형(2000),「국어 완곡 표현의 유형과 언어 심리 연구」,『한말연구』7, 한말연구학회, 27-63쪽.
김민수(1983),『국어의미론』, 일조각.
김민애(2006),「한국어 고급 과정 교재의 문법 내용 개발 연구」, 한국어문법교육학회 제5차, 전국학술대회 자료집, 171-191쪽.
김보현(2010),「학습자의 언어인식 고양을 통한 한글 맞춤법 교육 방안」, 이화여자대학교 석사학위논문.
김세령(2011),「한국어 학습자를 위한 추측 표현 교육 방안 연구」, 전남대학교 석사학위논문.
김영기(1991),「외국어로서의 한국어 교육」,『교육한글』4, 한글학회, 29-81쪽.
김영만(2005),『한국어 교육의 이론과 실제』, 역락.
김용경(1989),「현대 국어의 미정법 연구: -미정 형태소 '-겠-', '-리-', '을-'을 중심으로-」, 건국대학교 석사학위논문.
김유정(1998),「외국어로서의 한국어 문법 교육- 문법 항목 선정과 단계화를 중심으로-」,『한국어교육』9-1, 국제한국어교육학회, 19-36쪽.
김은성(2006), 「국어 문법 교육의 태도 교육 내용 연구」, 서울대학교 박사학위논문.
김은혜(2012), 「연상을 활용한 한국어 어휘 의미 교육 연구」, 인하대학교 박사학위논문.
김재욱 외(2010), 『한국어 교수법』, 형설출판사.
김재욱(2003), 「외국어로서의 한국어 문법 교육」, 『이중어학』22, 이중언어학회, 163-179쪽.
김정자(2001), 「필자의 표현 태도 연구」, 서울대학교 박사학위논문.
김지은(1998), 『우리말 양태용언 구문 연구』, 한국문화사.
김진식(2000), 『현대국어 의미론 연구』, 박이정.
김차균(1981), 「'-을-'과 '-겠-'의 의미」, 『한글』173-174, 한글학회, 65-14쪽.
남기심·고영근(1982), 『국어의 통사·의미론』, 탑출판사.
노지니(2004), 「한국어 교육을 위한 '추측'의 통어적 문법소 연구」, 서울대학교 석사학위논문.
戴耀晶(2000), 「试论现代汉语的否定范畴」, 『语言与教学研究』2000-3호, 45-49页。
문병열(2007), 「한국어의 보문 구성 양태 표현에 대한 연구」, 서울대학교 석사학위논문.
민현식 외(2005), 『한국어 교육론-2』, 한국문화사.
민현식(2001), 『국어 교육을 위한 응용국어학 연구』, 사울대학교 출판사.
민현식(2003), 「국어문법과 한국어 문법의 상관성」, 『한국어 교육』14-2, 국제한국어교육학회, 107-125쪽.
박덕유(1998), 『국어의 동사상 연구』, 한국문화사.
박덕유(2002), 『文法教育의 탐구』, 한국문화사.

박덕유(2009), 『학교 문법론의 이해』, 역락.

박덕유(2013), 『한국어 문법의 이론과 실제』, 박문사.

박영순 외(2008), 『한국어와 한국어교육』, 한국문화사.

박영순(2008), 『한국어 담화 텍스트론』, 한국문화사.

박용한(2003), 『토론 대화 전략 연구』, 역락.

박재연(2003), 「한국어와 영어의 양태 표현에 대한 대조적 고찰: -부정과 관련한 문법 현상을 중심으로-」, 『이중 언어학』22, 이중언어학회, 199-222쪽.

박재연(2003), 『국어 양태의 화·청자 지향성과 주어 지향성』, 국어학회.

박재연(2004), 「한국어 문법화 형태의 교육 방안 -'다고' 관련 형태의 문법 항목 선정과 배열을 중심으로-」, 『한국어교육』15-1, 국제한국어교육학회, 94-110쪽.

박정아(2012), 「PPP 수업 모형과 ESA 수업 모형의 효과 비교 -영어 듣기·말하기 능력 신장과 정의적 측면」, 서울교육대학교석사학위논문.

박종훈(2001), 「지식 중심의 국어교육 내용 범주 설명 시론」, 『국어교육』117, 한국어교육학회, 469-491쪽.

방성원(2002), 「한국어 교육용 문법 용언의 표준화 방안」, 『한국어교육』13-1, 국제한국어교육학회, 107-125쪽.

방성원(2004), 「한국어 문법화 형태의 교육 방안」, 『한국어교육』15-1, 국제한국어교육학회, 92-93쪽.

房玉清(2001), 『实用汉语语法』, 北京大学出版社.

백봉자(2006), 『외국어로서의 한국어 문법 사전』, 하우.

范 晓(1996), 『三个平面的语言观』, 北京语言文化大学出版社.

서정수(1978), 「'ㄹ 것'에 대하여」, 『국어학』6, 국어학회, 85-110쪽.

서정수(1995), 『국어문법』, 한양대학교 출판원.

선은희(2003), 「한국어 문법 교육 방안」, 연세대학교 석사학위논문.

성광수(1984), 「국어의 추정적 표현」, 『한글』184, 한글학회, 53-80쪽.
성기철(1976), 「'-겠-'과 '-을 것이다'의 의미 비교」, 『선청어문』7, 서울대학교, 201-210쪽.
성기철(1979), 「경험과 추정: '-겠-'과 '-을 것이다'-를 중심으로」, 『문법 연구』4, 문법연구회, 109-129쪽.
성기철(2007), 『한국어 문법 연구』, 글누림.
성미선(2009), 「추측 표현의 완곡어법 양상과 교육방안」, 한양대학교석사학위논문.
성미선(2009), 「한국어 추측 표현의 완곡어법 양상과 교육방안」, 한양대학교 석사학위논문.
손영애(1986), 「국어과교육의 성격과 내용 체계」, 『선청어문』14-15 서울대학교 국어교육과, 76-91쪽.
손영애(2004), 『국어과 교육의 이론과 실제』, 박이정.
손영애(2005), 「국어 교육 과정 변천사」, 『국어교육론1』, 한국문화사.
손영애(2008), 「새로운 국어 교과서 구성 방안」, 『국어교육』125, 한국어교육학회, 251-281쪽.
손옥정(2012), 「한국어와 중국어의 '가능성' 표현 대조 연구」, 건국대학교석사학위논문.
宋小娇(2011), 「중국인 학습자를 위한 한국어 추측 표현 교육 방안 연구」, 인천대학교 석사학위논문.
宋永圭(2004), 『現代漢語情態動詞"能"的否定研究』, 復旦大學博士學位論文.
신명선(2004), 「국어 사고도구어 교육 연구」, 서울대학교 박사학위논문.
신명선(2008), 「개정 국어과 교육과정의 문법 교육 내용에 대한 고찰」, 『국어교육학연구』31, 국어교육학회, 357-392쪽.
신명선(2008), 『의미 텍스트 교육』, 한국문화사.

신현정(2005),「한국어 학습자들의 '-겠-'과 '-(으)ㄹ 것이' 사용에 나타난 중간언어 변이 연구」, 이화여자대학교 석사학위논문.

신호철(2010),「국어과 문법 영역의 연계성 연구」, 고려대학교 박사학위논문.

안명철(1983),「현대국어의 양상 연구: -인식양상 문제를 중심으로-」, 서울대학교 석사학위논문.

안주호(1997),『한국어 명사의 문법화 현상 연구』, 한국문화사.

안주호(2004),「한국어 추측 표현의 통사·의미 연구」,『새국어교육』 68, 한국어교육학회, 97-121쪽.

안주호(2006),『-ㄹ 수 있다-구성의 특징과 문법화』,『한국언어문학』 53, 한국언어문학회, 517-546쪽.

안주호(2009),「행동지시 표현의 유형과 교육방안」,『언어와 문화』 5-1, 한국언어문화교육학회, 171-193쪽.

안효경(2001),『현대국어의 의존명사 연구』, 역락.

안희은(2009),「언어 인식 능력 신장을 위한 지역 방언 교육 방안 연구」, 서강대학교 석사학위논문.

양영희·서상준(2009),「한국어교육에서의 국어학적 지식 역할」,『우리말글』46, 우리말글학회, 93-116쪽.

엄　녀(2009),「한국어 교육을 위한 양태 표현 교육 연구」, 서울대학교박사논문.

왕　단(1999),「효과적인 한국어 문법 교육을 위한 교수법 개발 구성」, 국제한국어교육학회제 12차 국제학술대회.

王　力(1985),『中国现代语法』, 北京商务印书馆。

우형식(1999),「형태 표기의 원리와 적용 범위」,『배달말』25, 배달말학회, 261-291쪽.

유　창(2011),「중국인 학습자를 위한 한국어 '추측'과 '의지' 표현의 교육방안」 연구, 부산외국어대학교 석사학위논문.

유동엽(1997),「대화 참여자의 대화 전략에 관한 연구」, 서울대학교 석사학위논문.

유미애(2011),「한국어 추측 표현의 교육 내용 연구」, 서울대학교 석사학위논문.

윤혜진(2010),「한국어 교육용 추측 표현 항목 선정과 등급화에 관한 연구」, 배재대학교 석사학위논문.

이 영(2011),「한국어 교육을 위한 한·중 양태 표현의 대도 연구」, 고려대학교 박사학위논문.

이광호(2009),『의미 분석론』, 역락.

이기용(1977),「짐작의 뜻: '-겠-'과 '-ㄹ 것-'을 중심으로」,『합동 연구발표 논문 요지Ⅱ』, 한글학회.

이기용(1987),「언어와 추정」,『국어학』6, 국어학회, 29-64쪽.

이기종(1996),「국어의 짐작·추측 구문 연구」, 한남대학교 박사학위논문.

이기종(2001),「'-듯하다', '-듯싶다', '-성싶다'의 의미 차이」,『한국어문학』44, 한국언어문학학회.

이남순(1995),「'-겠-'과 'ㄹ것'의 판단론」,『대동문화연구』30, 성균관대학교 대동문화연구원, 375-390쪽.

이동혁(2004),「국어 연어 관계 연구」, 고려대학교 박사학위논문.

이미혜(2005),「한국어 문법 교육 연구: -추측 표현을 중심으로-」, 이화여자대학교 박사학위논문.

이미혜(2005),『한국어 문법 항목 교육 연구』, 박이정.

이병규(2005),『한국어 교재 분석 연구』, 국립국어원.

이선웅(2001),「국어의 양태 체계 확립을 위한 시론」,『관악어문연구』26, 서울대학교 국어국문과, 317-339쪽.

이성영(1994),「표현 의도의 표현 방식에 관한 화용론적 연구」, 서울대학교 박사학위논문.

이옥환(2010), 「한국어와 중국어의 양태 표현 대조 연구」, 한양대학교석사학위논문

이유미(2004), 「의사소통 구조의 화용적 연구」,『한국어 의미학』15, 한국어의미학회, 121-141쪽.

이윤지(2007), 「한국어교육 자료에서의 문법 항목 표시 방법 연구」, 『한국어교육』18-3, 국제한국어교육학회, 167-193쪽.

이윤진·노지니(2003), 「한국어 교육에서의 양태 표현 연구」, 『한국어교육』 14-1, 국제한국어교육학회, 173-209쪽.

이정란(2011), 「한국어 학습자의 양태 표현 습득에 나타난 문법 능력과 화용 능력의 발달 관계 연구」, 이화여자대학교 박사학위논문.

이정희(2011), 「중국인 학습자를 위한 한국어 추측 표현 교육 방안 연구」, 경희대학교 석사학위논문.

이주행(2011), 『알기 쉬운 한국어 문법론』, 역락.

이준호(2010), 「TTT 모형을 활용한 추측 표현 교육 연구-'-는 것 같다', '-나 보다', '-는 모양이다'를 중심으로」, 『이중언어학』 44, 이중언어학회, 247-273쪽.

이필영(1998), 「국어의 인지 표현에 관한 연구- 관형구성이 불확실성 표현을 중심으로-」, 『한국어교육』9-2, 국제한국어교육학회, 179-198쪽.

이해영(1998), 「문법 교수의 원리와 실제」, 『이중언어학』15, 이중언어학회, 411-438쪽.

이현진(2007), 「규범적 국어인식 능력 교육 연구」, 서울대학교 석사학위논문.

이혜용(2003), 「짐작, 추측 양태 표현의 의미와 화용적 기능」, 이화여자대학교 석사학위논문.

이혜용(2010), 「한국어 정표화행 연구: -정표화행의 유형 분류와 수

행 형식-」, 이화여자대학교 박사학위논문.

이효정(2004), 「한국어 교육을 위한 양태 표현 연구」, 상명대학교 박사학위논문.

임동훈(2001), 「'-겠-'의 용법과 그 역사적 해석」, 『국어학』37, 국어학회, 115-147쪽.

임동훈(2008), 「한국어의 서법과 양태 체계」, 『한국어 의미학』26, 한국어의미학회, 211-249쪽.

임지룡(2005), 『인지 의미론』, 탑출판사.

임지룡(2005), 『학교 문법과 문법 교육』, 박이정.

임철성(1991), 「비확정 서술의 '-겠-'에 대하여」, 『국어국문학』105, 국어국문학회, 121-140쪽.

장경희(1984), 「'-겠-'과 인과법칙, 어학」, 전북대학교 어학연구소, 83-101쪽.

장경희(1985), 『현대 국어의 양태 범주 연구』, 탑출판사.

장미라(2008), 「문자 구조 중심의 한국어 교육 연구」, 경희대학교 박사학위논문.

장상호(1997), 『학문과 교육: -학문이란 무엇인가』, 서울대학교 출판사.

장원철(2000), 「추정 표현 '-겠-'과 '-(으)ㄹ 것이-의 의미 차이에 대한 인지언어학적 연구」, 서울시립대학교 석사학위논문.

전나영(1999), 「-나 보다/ -ㄹ 모양이다/ -ㄹ 것 같다/ -ㄴ것이다/ -겠의 의미 기능」,『외국어로서의 한국어교육』23, 연세대학교 한국어학당, 169-198쪽.

전혜영(1995), 「한국어 공손현상과 '-겠-'의 화용론」, 『국어학』26, 국어학회, 125-146쪽.

정민주(2008), 「형성 화법의 교육 내용 연구」, 서울대학교 박사학위논문.

정선주(2009). 「ESA 교수 절차 모형을 활용한 한국어 교육 방안 연구」,『언어와 문화』5, 한국언어문화교육학회, 197-218쪽.
정연창(2000),『담화 기능론』한국문화사.
정원기(2009),「한국어 추측, 의지 표현 연구」, 청주대학교 석사학위논문.
정유남(2006),「현대 국어 추측의 양태 의미 연구」, 고려대학교 석사학위논문.
丁声树(1999),『现代汉语语法讲话』, 北京商务印书馆。
정혜승(2007),『국어과 교육과정 실행 연구』, 박이정.
정희다(2001),『 담화와 문법』, 한신문화사.
정희정(2004),「한국어 문법 교육의 목표 설정을 위한 제안」,『문법교육』1, 한국 문법교육 학회, 185-212쪽.
조남호(2003),「한국어 학습용 어휘 선정 결과 보고서」, 국립국어원.
조일영(1995),「국어 양태소의 의미 기능 연구」, 고려대학교 박사학위논 문.
조현용(2000),『한국어 어휘교육 연구』, 박이정.
朱德熙(1982),『语法讲义』, 北京商务印书馆.
지현숙(2006),「한국어 구어 문법 능력의 과제 기반 평가 연구」, 서울대학교 박사학위논문.
진기호(2006),「어휘 의미를 활용한 유의적 문형 교수 방안」,『한국어교육』17-1, 국제 한국어교육학회, 359-413쪽.
차현실(1986),「양상 술어의 통사와 의미」,『이화어문논집』8. 이화언문학회, 11-34쪽.
최윤곤(2004),「한국어 교육을 위한 구문표현 연구」, 동국대학교박사학위논문.
최윤곤(2010),『한국어 문법 교육과 한국어 표현범주』, 한국문화사.
최윤곤(2011),「중국어권 한국어 문법의 교재 용어 분석」,『새국어교육』89, 한국국어교육학회, 577-600쪽.

최윤곤(2013), 『한국어 문장 입문』, 박이정.

최호철(1993), 「현대 국어 서술어의 의미 연구」, 고려대학교 박사학위논문.

吕兆格(2003), 「对外汉语教学中的能愿动词偏误分析」, 天津师范大学硕士论文。

한명주(2008), 「형식 명사 구성의 '추측' 표현 연구」, 『한성어문학』27, 한성어문학회, 149-174쪽.

한상미(2005), 「한국어 학습자의 의사소통문제 연구」, 연세대학교 박사학위논문.

한재영 외(2005), 『한국어 교수법』, 태학사.

허 용(1983), 『20세기 우리말의 형태론』, 샘문화사.

홍사만(2009), 『한국어와 외국어 대조 분석론』, 연락.

홍승연(2011), 「모국어와 숙달도에 따른 한국어 추측 표현 습득 양상 연구」, 이화여자대학교 석사학위논문.

홍종선(1998), 『근대 국어 문법의 이해』, 박이정.

홍종성 외(2003), 『한국어 문법론의 연구 현황과 과제』, 박이정.

杨 华(2008), 「对外汉语教学中的语气词研究」, 天津师范大学硕士论文.

许和平(1991), 『汉语情态助动动词语义和句法深探』, 第三界国际汉语教学研讨会论文文选.

马庆株(1988), 「能愿动词的连用」, 『语言研究1』, 华中科技大学出版.

Brow, H.D.(2001), Principles of language Learning and Teaching. 이홍수·박재란, 등 (공역, 2005) 『외국어 학습 · 교수의원리 제4판 』, 서울: Pearson Education Korea.

Bybee, Joan,& Fleischman, suzanne. eds. 1995. Modality in Grammar and Discourse. Amsterdam: J. Benjamins.

Byrne, D. (1998), Teaching writing skills. Harlow: Longman.

Corder, S. P.(1976), The significance of learner' errors, International

Review of Applied Linguistics 5: 161-170.

Gass, S.M. and Selinker, L(1994), Second language acquistion: An introductory course, 박의재·이정원(공역, 1999), 『제2언어 습득론』, 한신문화사.

Jack C, Richards & Theodore Rodgers의 Approaches and Methods in Language Teaching(1986),『외국어 교육 접근 방법과 교수법』, 전병만, 윤만근, 오준일, 김영태(공역, 2003).

Jepersen, O., The Philosophy of Grammar. London: George Allen & Unwin LTD. (이환묵·이석무 역. 1987. 『문법철학』. 서울: 한신문화사.)

Larsen-Freemen, D.(1999), Grammar conceptualization. 김종도·나익주(공역, 2003), 『문법과 개념화』박이정.

Lazard G, "Les variations d'actance et leurs correlats", dans⟨Actances⟩ NO. 1, RIVLC, Paris. pp.7-30.

Lyons, John(1983), Semantics vol2. Cambridge University.

Martin R, "Langage et croyance", Pierre Mardaga, 1987, pp.189.

Nunan, D.(1988), Sylladus design, 송석아·김성아 (공역2003), 『Sylladus의 구성과 응용』, 범문사.

Richards, Jack C.(2001), Approaches and methods in language teaching. 전병만 외 (공역2003), 『외국어 교육 접근 방법과 교수법』, 서울: Cambridge.

Thornbury.S. How to Teach Grammar, London, Longman(1999)/『문법을 어떻게 가르칠 것인가』 이관규 외 (공역, 2004).

찾아보기

(ㄱ)

가능성(possibilty) 40
가정(Assumptive) 40
가정적 동일성 182
간접적 정보 83, 135, 139
개념적 법 35
개연성(probability) 40
객체적인 태도 22
-겠- 67, 111, 203
결과 추정 19
경험 시간의 차이 18
공기 관계 183
관형사형 어미 159
교수·학습 접근법 179

(ㄴ)

-나/ㄴ/은가 보다 70
내재적 정보 84, 135, 139, 141
내재적 직관 21

(ㄷ)

단일구성 92, 94
담화 능력 179
담화 층위 문법 25

(ㅁ)

말뭉치 자료 59
명백한 오류 156
모국어의 영향 163
몰입(Engage) 단계 196, 198
문법 설명 문제 121
문법 항목 13
문법성(grammaticality) 156
문법적 능력 179
문장 종결법 제약 66, 69, 72, 73, 78
미정법 20

(ㅂ)

발화 상황 184
발화 의도 184

발화(production) 단계 189
복합구성 92, 94
분석 대상 선정 55
분석 대상 한국어 교재 목록 107
분석 방법 56
불확실성(uncertainty) 39

(ㅅ)

사용능력 조사 173
사용능력 향상 186
사회 언어적 능력 179
삼차원 문법 틀 30
삼차원의 문법틀 63
서법 35
시제 159
시제 어미 오류 161
실수(mistake) 157
심리적 태도 24

(ㅇ)

양상 논리(modal logic) 40
양태 조동사 21
양태 표현 22, 24
양태와 서법 36
양태의 개념 35
어기사(語氣詞) 98, 100
언어 능력(competence) 157
언어 수행(performance) 157
연습 활동 문제 124
연습(practice) 단계 189
연역(deductive) 40
오류(error) 157
오류 분석 158
완곡어법 26, 88, 135, 141
외재적 사태 21
용인 가능성(acceptability) 156
원인 추측 97
-(으)/는/(으)ㄹ것 같다 109, 202
-(으)ㄴ/는/(으)ㄹ 것 같다 65
-(으)ㄴ가/나 보다 112, 205
-(으)ㄹ 것이다 74, 115, 207
-(으)ㄹ걸(요) 72, 114, 206
-(으)ㄹ지(도) 모르다 79, 118, 208
의무 양태(deontic modality) 37, 39
의미 163
의미적 특징 23, 64, 81
의사소통식 교수법 179
의사소통식 교수법의 특성 180
이해능력 향상 181
인식 양태(epistemic modality) 22, 37, 39
인지론(認知論) 21
인칭 163
인칭과 용언 결합의 제약 66, 68, 70, 73, 75, 80

(ㅈ)

전략적 능력 179
제시 형태 문제 120
제시(presentation) 단계 188
조동사(助動詞) 98, 99
종결형 추측 표현 46
주어 중심 양태 38
주체적인 태도 22
중간언어 25
중국어 추측 표현 92
중국어 추측 표현의 양상 98
중국인 한국어 학습자 126
중복도 53
직접적 정보 82, 135

(ㅊ)

추론(speculative) 39
추론된 확실성(inferred certainty) 40
추정적 추측 표현 20
추측 범주 24
추측 표현 15
추측 표현 사용 빈도 170
추측 표현 의미의 모호 166
추측 표현 이해능력 133, 151
추측 표현 항목 45, 51, 53, 54
추측 표현 항목 선정 절차 47
추측 표현 항목별 중복도 52
추측 표현의 대응 양상 101
추측 표현의 양상 대조 93
추측 표현의 화용적 지식 185
측정된 빈도수 57

(ㅌ)

통사적 특징 23, 64
통어적 문법소 25

(ㅎ)

학습(Study) 단계 197, 201
학습자의 사용능력 153
학습자의 오류 분석 157
학습자의 이해능력 126
한국어 추측 표현의 양상 93
허사(虛詞) 99
형태적 특징 64
형태·통사적 특징 65
화용 169
화용적 기능 22
화용적 특징 88
화자 중심 양태 38
화자의 주관적인 한정(qualification) 36
확신 정도의 모호 168
확신의 정도 87, 135, 139, 141
활동 단계 200
활용형의 추측 표현 46

(E)

ESA 수업 모형 191
ESA-부메랑 모형 194
ESA-직선 모형 192
ESA-패치워크 모형 193

(P)

PPP 수업 모형 188